しらべよう！47都道府県のくだもの

監修・河鰭実之
東京大学大学院
農学生命科学研究科附属
生態調和農学機構教授

汐文社

ぶどう
岩手県・石川県・山梨県・長野県・
滋賀県・大阪府・島根県・岡山県

くり
茨城県・埼玉県・
京都府・山口県

パインアップル
沖縄県

りんご
青森県・岩手県・秋田県

西洋なし
山形県・新潟県

パッションフルーツ
宮城県・鹿児島県

キウイフルーツ
神奈川県・香川県・
愛媛県・福岡県

ブラックベリー
神奈川県・滋賀県

かき
新潟県・岐阜県・
愛知県・奈良県・島根県・熊本県

マンゴー
静岡県・宮崎県・沖縄県

みかん
静岡県・三重県・和歌山県・
山口県・佐賀県・熊本県・大分県

すいか
石川県・鳥取県・熊本県

すだち
大阪府・徳島県

もも
福島県・岡山県

いちじく
愛知県・福岡県

いちご
宮城県・栃木県・岐阜県・兵庫県・
香川県・福岡県・佐賀県・長崎県

メロン
北海道・秋田県・
茨城県・福井県

日本なし
栃木県・千葉県・東京都・
滋賀県・京都府・奈良県・鳥取県

ハスカップ
北海道

レモン
東京都・広島県

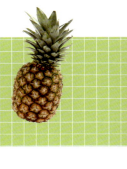

もくじ

🍓 COLUMN 果物の定義① ……… 4

北海道・東北地方 ……… 5

北海道 ……… 6
青森県 ……… 8
🍓 COLUMN 果物の品種とは？ ……… 10
岩手県 ……… 12
宮城県 ……… 14
秋田県 ……… 16
山形県 ……… 18
福島県 ……… 20
🍓 COLUMN 果物の定義② ……… 22

関東地方 ……… 23

茨城県 ……… 24
栃木県 ……… 26
群馬県 ……… 28
埼玉県 ……… 30
千葉県 ……… 32
東京都 ……… 34
神奈川県 ……… 36
🍓 COLUMN 果樹の分類 ……… 38

中部地方 ……… 39

新潟県 ……… 40
富山県 ……… 42
石川県 ……… 44
福井県 ……… 46
山梨県 ……… 48
長野県 ……… 50
岐阜県 ……… 52
静岡県 ……… 54
愛知県 ……… 56
🍓 COLUMN 樹木の分類 ……… 58

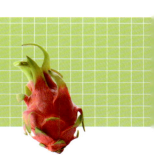

近畿地方 …… 59

- 三重県 …… 60
- 滋賀県 …… 62
- 京都府 …… 64
- 大阪府 …… 66
- 兵庫県 …… 68
- 奈良県 …… 70
- 和歌山県 …… 72

🌸 COLUMN 「みなべ・田辺の梅システム」とは？ …… 74

🌸 COLUMN 柑橘類とは？ …… 76

中国・四国地方 …… 77

- 鳥取県 …… 78
- 島根県 …… 80
- 岡山県 …… 82
- 広島県 …… 84
- 山口県 …… 86
- 徳島県 …… 88
- 香川県 …… 90
- 愛媛県 …… 92
- 高知県 …… 94

🌸 COLUMN エコで美しい「藍染め」 …… 96

九州・沖縄地方 …… 97

- 福岡県 …… 98
- 佐賀県 …… 100
- 長崎県 …… 102
- 熊本県 …… 104
- 大分県 …… 106
- 宮崎県 …… 108
- 鹿児島県 …… 110
- 沖縄県 …… 112

用語集 …… 114

さくいん …… 118

ぶどうやりんごなど、果物の種類を紹介する部分の写真は、その都道府県産のものや、文中で触れている品種の写真とは限りません。

COLUMN

果物の定義①

　「果物」と一口に言いますが、具体的にはどんな植物が果物と言えるのでしょうか。実は「果物」や「野菜」の定義はあいまいで、組織によっても違いがあります。

　この本では、基本的に農業を管轄する行政機関である農林水産省の定義を参考にしています。農林水産省は、「果樹」を以下のようなものとしています（丸数字は編者による）。

①概ね2年以上栽培する草本植物及び木本植物であって、果実を食用とするものを「果樹」として取り扱っています。

　「果物」の定義ではありませんが、基本的には果樹になる実を果物と考えてよいでしょう。ただし、続いてこのように書かれてもいます。

②一般的にはくだものとは呼ばれていないと思われる栗や梅などを果樹としている一方で、くだものと呼ばれることのあるメロンやイチゴ、スイカ（いずれも一年生草本植物）などは野菜として取り扱っています。

　くりやうめは、果物と考えない人もいると思いますが、「木」に成長する木本植物にできる実であることは間違いなく、①に当てはまります。

　対して、いちご・すいか・メロンは、「草」に成長する草本植物です。①にあるように、2年以上栽培するものなら草本植物でも果樹に分類されますが（バナナなど）、すいか・メロンは一年草であるため野菜に分類されます。いちごは実は多年草ですが、食用として栽培するいちごは植えたままにしないため、農林水産省では野菜に加えているようです。

（22ページに続く）

全7道県

北海道・東北地方

日本で最も北にあり、日本の面積の約5分の1をしめる北海道と、本州最北端で6県からなる東北地方は農業がとてもさかんです。青森県のりんごや山形県のさくらんぼの収穫量は全国1位で、果物の名産物もたくさんあります。冬はとても寒くなり、雪が積もる地域も非常に多いのですが、その気候に合った果物づくりに取り組んでいます。

北海道・東北地方

北海道

人口…………535万人
面積…………83,424平方キロメートル
道庁所在地…札幌市
主な作物……メロン・ハスカップ・りんご・
　　　　　　ぶどう・さくらんぼ

　北海道は日本一の広さをほこり、日本の耕地面積の4分の1をしめています。じゃがいも（ばれいしょ）・にんじん・たまねぎなど、収穫量が全国1位の野菜がたくさんあります。果物については、明治時代から渡島半島の南部に位置する七飯町でりんごやぶどうの栽培がはじまり、北海道内の全域で栽培されるようになっていったほか、厚真町を中心に栽培されているハスカップも広く知られています。

強い酸味と甘みが特徴です。

ハスカップ

　スイカズラ科スイカズラ属の落葉低木。ブルーベリーのような青い果実を食用とします。「枝の上にたくさんなるもの」を意味するアイヌ語が名前の由来です。

近年はその栄養価の高さが注目されています。

アロニア

　バラ科アロニア属の落葉低木。「チョコレートベリー」や「チョークベリー」といったよび名もあります。生で食べると渋みがあり、ジャムなどの加工食品に用いられます。

メロン

ウリ科キュウリ属のつる性一年草。農林水産省の区分では野菜に分類されるメロンですが、一般的には果物としてあつかわれています。北海道は全国2位の収穫量をほこっており、夕張市や富良野市を中心に栽培されています。マスクメロンなどの表面にある網目のような模様は、果実が大きくなるときにできるひびが固まったものです。

北海道・東北地方

富良野市
道庁所在地 札幌市
夕張市
厚真町
七飯町

知ってる？

夕張メロン

石炭の街として栄えた夕張の土地は、栽培に適した作物が限られる火山灰質です。そのような土地でも栽培できる特産品の一つとしてメロンが選ばれましたが、きびしい寒さの中での栽培は苦労の連続でした。十分な甘さを出すために長年にわたって品種改良を行い、強い甘みと香りが特徴の「夕張メロン」が誕生しました。

写真提供：夕張市農業協同組合

北海道・東北地方
青森県

- 人口…………129万人
- 面積…………9,646平方キロメートル
- 県庁所在地…青森市
- 主な作物……りんご・さくらんぼ・日本なし・ぶどう・あんず

　本州の最北端にある青森県は、一年を通して寒冷な気候をいかしたりんごの名産地として知られています。県内ではおよそ50品種ほどのりんごが栽培され、どれも高い収穫量をほこっています。ほかにも、さくらんぼ・ぶどう・日本なしなど、さまざまな果物が栽培されており、300年前から県内で栽培されているといわれるあんず、青森市を中心に栽培されているカシスの収穫量はともに日本一です。

ふじは、藤崎町と日本一の山である富士山から名づけられました。

りんご

　バラ科リンゴ属の落葉高木。青森県が発祥の品種である「ふじ」は、南津軽郡藤崎町にあった「農林省園芸試験場東北支場」で、「デリシャス」と「国光」という品種を交配させてつくられました。果汁をたっぷりふくみ、しっかりした甘さと酸味があるのが特徴です。

青森県はあんず生産量日本一！

あんず

　バラ科サクラ属の落葉小高木。「アプリコット」ともよばれています。青森県では「八助」という品種が主に栽培されています。

北海道・東北地方

県庁所在地
青森市（あおもりし）

藤崎町（ふじさきまち）

知ってる？

りんご生産量日本一

明治時代に青森県庁の構内に、3本のりんごの苗木が植えられました。これが青森県におけるりんごの歴史のはじまりです。その後、県西部の津軽地方を中心に、さかんに栽培されるようになっていきました。りんごは暑さに弱いため、夏から秋にかけても比較的すずしい気候が続く青森県は栽培に適しています。また、気候の条件だけでなく、品種改良や栽培技術の研究など、たくさんの努力の積み重ねがあり、その上に全国1位の収穫量が成り立っています。

写真提供：青森県農林水産部

COLUMN

果物の品種とは？

　果物には、「りんご」「ぶどう」「バナナ」「もも」など、さまざまな「種類」があります。そして、1つの種類の中にもたくさんの「品種」があります。

　2つの違いは少しわかりにくいかもしれませんが、たとえばりんごの場合、「王林」「紅玉」「ジョナゴールド」「シナノゴールド」「世界一」「ふじ」といったものが品種です。世界には約15,000、そして日本だけでも約2,000ものりんごの品種があると言われています。八百屋やスーパーマーケットなどで売られているりんごは、「りんご」という種類だけではなく、パッケージをよく見ると品種名も表示されているのが一般的です。

　また、この本でもいくつか紹介していますが、品種とは違う、ブランド名がついた果物もあります。たとえば岩手県には、「冬恋」というブランドりんごがあります。品種は「はるか」なのですが、冬恋ははるかの中から、一定の条件を満たした品質の高いものだけを厳選して、冬恋というブランド名で出荷しています。同様に、品種名ではなくブランド名で親しまれている果物もたくさんあるのです。

　品種が変わると、名前だけでなく、見た目や味、育ちやすい条件なども変わります。ここでは参考にりんごの品種を4つ紹介しますが、写真を見ればわかるように、果皮の色もさまざまです。他にも、青いものや黄色いものもあれば、同じ赤色でも色々と違いが有ります。味わいや香り、歯ごたえもそれぞれ違うので、機会があればぜひ食べ比べてみてください。

岩手県のブランドりんご「冬恋」
写真提供：JA新いわて

北海道・東北地方

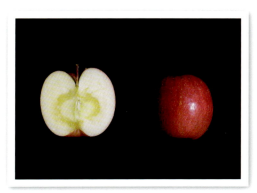

「ふじ」
国内で最も多く栽培されている品種です。果汁が豊富で味のバランスがよく、歯ごたえがシャキッとしているのが特徴です。

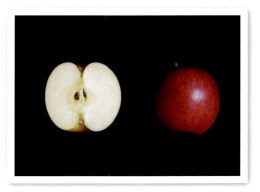

「ジョナゴールド」
「紅玉」と「ゴールデンデリシャス」という品種をかけ合わせて作られた品種です。酸味と甘味のバランスがよく、果肉（果実において人間や動物が食用とする部分）が引き締まっているのが特徴です。

「王林」
少し黄味がかった青系のりんご品種です。一般に「青りんご」と呼ばれるりんごの中では最も多く栽培されている品種です。香りがさわやかで、甘味が強いのが特徴です。

「シナノゴールド」
長野県生まれの品種で、「ゴールデンデリシャス」と「千秋」をかけ合わせて作られたものです。黄色系のりんごで、酸味と甘みのバランスがよく、果汁をたっぷり含んでいます。

岩手県

北海道・東北地方

人口………126万人
面積………15,275平方キロメートル
県庁所在地…盛岡市
主な作物……りんご・ぶどう・西洋なし・さくらんぼ・ラズベリー

岩手県は日本で一番大きな県で、東京・神奈川・千葉・埼玉の4つの都県がすべて入ってしまうほどの面積をほこる、農業のさかんな県です。果物では、夏でもすずしい気候をいかし、りんご・ぶどう・西洋なし・さくらんぼなどがつくられています。りんごと西洋なしは、果樹の成長を小さくおさえることで収穫しやすくなる「わい化栽培」という栽培方法を積極的に取り入れています。

紫波郡紫波町のワイナリーでは、町内産ぶどうでワインがつくられています。

ぶどう

ブドウ科ブドウ属のつる性落葉低木。県内では数々のぶどう品種が栽培されていますが、最も収穫量が多いのは、アメリカ発祥の「キャンベル・アーリー」という品種です。

ジャムなどによく用いられます。

ラズベリー

バラ科キイチゴ属の落葉低木。野生のキイチゴを改良したもので、甘酸っぱい味が特徴です。生で食べられることもありますが、加工食品に用いられるのが一般的です。

知ってる？
夏恋

「夏恋」は、岩手県の北端にある二戸市でつくられているブランドさくらんぼです。「佐藤錦」という品種の中から、実が大粒で色がよく、甘みが強いものだけが選ばれ、夏恋として出荷されています。

写真提供：全農いわて

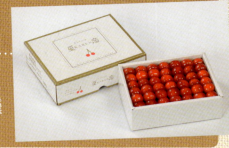

北海道・東北地方

二戸市

県庁所在地
盛岡市

紫波町

りんご

岩手県ではりんごの中でも「ジョナゴールド」という品種の栽培がさかんで、全国で2位の収穫量をほこっています。「ジョナゴールド」は「ゴールデンデリシャス」と「紅玉」を交配させて生まれた品種で、まろやかな酸味が特徴です。岩手県ではそのほとんどが実に袋を被せない「無袋栽培」でつくられ、太陽の光を多く浴びることで甘みも酸味も強くなっています。

知ってる？
りんごなどのわい化栽培

りんごは主に「台木」とよばれる別の植物に接ぎ木をすることによって栽培されます。その際に特別な台木を使うことで、りんごの樹を小さく育てるのが「わい化栽培」です。樹の高さが低くなることで収穫もしやすく、限られたスペースでたくさんの樹を育てることができます。岩手県のりんごの8割以上がわい化栽培でつくられています。

写真提供：岩手県

13

宮城県

人口……………233万人
面積……………7,282平方キロメートル
県庁所在地…仙台市
主な作物……いちご・日本なし・もも・ぶどう・ラズベリー

　宮城県の中心部には東北地方で一番広い平野である仙台平野が広がっており、米の生産がさかんに行われているほか、日本なし・もも・ぶどうといった果物も栽培されています。太平洋に面した地域を中心とするいちごの栽培もさかんで、宮城県のいちご栽培のはじまりと言われる亘理郡山元町や、「仙台いちご」というブランドが有名です。ラズベリーやブルーベリーなども、県内の広い範囲で栽培されています。

ゼリー状の果肉を種ごと食べます。

パッションフルーツ

トケイソウ科トケイソウ属のつる性多年草。花の形が時計の文字盤に似ていることから、日本では「時計草」ともよばれます。

ジュースの材料としても有名です。

アセロラ

キントラノオ科ヒイラギトラノオ属の常緑小高木。さくらんぼに似た赤い実を食用とします。酸味が強く、果物の中で最も多くビタミンCを含むことでも知られています。

北海道・東北地方

県庁所在地
仙台市（せんだいし）

山元町（やまもとちょう）

いちご

　バラ科オランダイチゴ属の多年草。一般的には果物というイメージがあるいちごですが、農林水産省の定義では野菜となります。いちごの表面には種のような粒がたくさんありますが、この一つ一つが果実にあたり、甘みのある果肉の部分は「花床（花托）」とよばれる、花のつく台にあたる部分が大きく成長したものです。

知ってる？
仙台いちご

　宮城県内で栽培されるいちごで、東北一の出荷量を誇り、「仙台いちご」というブランドとして広く知られています。仙台いちごの主な品種は「もういっこ」と「とちおとめ」です。「もういっこ」は、2008年に宮城県で開発されたオリジナル品種で、実が大きいこと、すっきりとした甘さがあるのが特徴です。病害にも強く、東北地方のすずしい気候での栽培に適しています。

写真提供：JA全農みやぎ

15

秋田県

北海道・東北地方

- 人口………101万人
- 面積………11,638平方キロメートル
- 県庁所在地…秋田市
- 主な作物……メロン・りんご・もも・日本なし・ぶどう

秋田県は米の栽培がさかんで、日本を代表する「米どころ」として知られています。果物では、「秋田紅あかり」「ゆめあかり」「秋しずく」といったオリジナル品種が栽培されているりんごや、ぶどう・もも・日本なし・さくらんぼなどが県内各地で栽培されています。また、農林水産省の定義では野菜となりますが、県西部の男鹿市若美地区を中心に、メロンの栽培もさかんです。

秋田県では県オリジナル品種の栽培がさかんです。

りんご

2005年に品種登録された「秋田紅あかり」は、「王林」と「千秋」をかけ合わせてつくられた、県オリジナルのりんご品種です。甘みが強く、酸味が少ないのが特徴です。県北部の鹿角市や大館市、南部の横手市や湯沢市などを中心につくられています。

秋田県では北秋田市を中心につくられています。

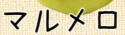

マルメロ

バラ科マルメロ属の落葉高木。果実の見た目が似ているため「西洋かりん」とよばれることもありますが、別系統の果物です。果肉がかたく生食には向きませんが、香りが良いため果実酒などに用いられています。ハチミツにつけてやわらかくした果肉を食べることもあります。

知ってる？

ゆめあかり

「ゆめあかり」は秋田県でのみ栽培されているオリジナルのりんご品種です。「はつあき」と「千秋」という品種を交配させてつくられました。果汁をたっぷり含んだみずみずしい食感が特徴です。同じく秋田県のオリジナル品種である「秋田紅あかり」「秋しずく」「秋田紅ほっぺ」と合わせて「あきたりんご4姉妹」とよばれています。

写真提供：秋田県果樹試験場 品種開発部

北海道・東北地方

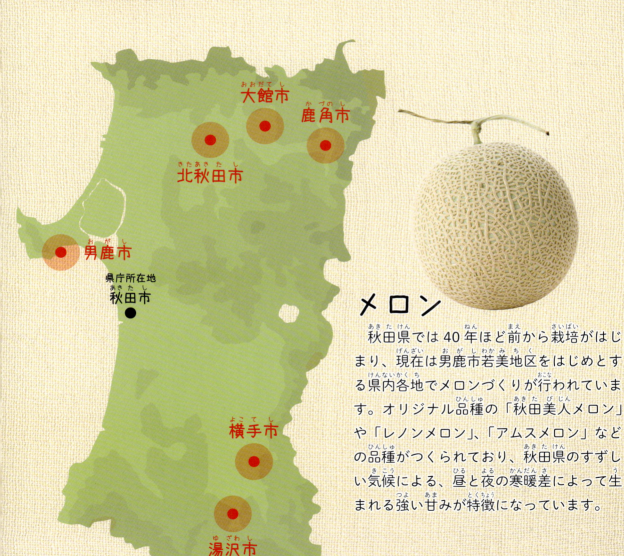

メロン

秋田県では40年ほど前から栽培がはじまり、現在は男鹿市若美地区をはじめとする県内各地でメロンづくりが行われています。オリジナル品種の「秋田美人メロン」や「レノンメロン」、「アムスメロン」などの品種がつくられており、秋田県のすずしい気候による、昼と夜の寒暖差によって生まれる強い甘みが特徴になっています。

17

北海道・東北地方

山形県

```
人口………111万人
面積………9,323平方キロメートル
県庁所在地…山形市
主な作物……さくらんぼ・もも・ぶどう・
       西洋なし・すもも
```

山形県は全国1位の収穫量をほこるさくらんぼのほか、もも・ぶどう・りんご・かき・すもも・西洋なしなどの栽培がさかんで「果物王国」とよばれています。尾花沢市を中心に栽培される「尾花沢すいか」など、農林水産省の定義では野菜に分類されるすいかやメロンの生産もさかんです。気温の高い夏、厳しい寒さになる冬など、はっきりした四季の気候条件が果物づくりに適しており、さまざまな種類が栽培されています。

日本のさくらんぼの約7割が山形県産！

さくらんぼ

バラ科サクラ属の落葉高木。一般的には「さくらんぼ」とよばれますが、農林水産省の統計では「おうとう（桜桃）」という名称です。山形県は、東根市や寒河江市をはじめとする、日本一の産地として有名です。

山形県では20年ほど前からさかんにつくられるようになりました。

あけび

アケビ科アケビ属のつる性落葉低木。山形県の収穫量は日本一です。県内では肉味噌詰め（種をとりのぞき、肉味噌をつめて焼く）の材料としても親しまれています。

知ってる？
ラ・フランス

「ラ・フランス」は、西洋なしの代表的な品種として広く知られています。山形県では大正時代から栽培されていますが、はじめのうちは他品種の生育を助ける受粉樹として使われていました。30年ほど前から、そのおいしさが徐々に知られるようになり、食用の果物としてさかんにつくられるようになりました。

写真提供：山形県

北海道・東北地方

尾花沢市

東根市

寒河江市

県庁所在地
山形市

西洋なし

バラ科ナシ属の落葉高木。山形県内では特に有名な「ラ・フランス」をはじめ、「メロウリッチ」や「シルバーベル」など、さまざまな品種が栽培されています。収穫量は全国1位で、日本全体のおよそ7割が山形県産です。収穫してすぐの果実はかたくて甘みも弱いのですが、時間を置いて熟させることで甘みが強くなり、食感もなめらかになります。

知ってる？
さくらんぼ生産量日本一

さくらんぼは明治時代初期に日本に伝来しました。全国で栽培しようとしたものの、当初は気候条件が向いていた山形県のみが栽培に成功したため、日本を代表する生産地となりました。品種としては、県産さくらんぼの約7割をしめる「佐藤錦」が最も多くつくられています。佐藤錦よりも大粒で甘みが強い「紅秀峰」などの新品種も開発されています。

写真提供：山形県

福島県

```
人口………190万人
面積………13,784平方キロメートル
県庁所在地…福島市
主な作物……もも・さくらんぼ・日本なし・
　　　　　　ぶどう・りんご
```

県の東部の阿武隈高地、中部の奥羽山脈という山地によって、県内は大きく3つに分けられています。中部の「中通り」にある福島市を中心に、もも・さくらんぼ・日本なし・ぶどうなど様々な果物が栽培されています。福島市内を走る県道5号の両側には果樹園が数多く立ち並び、「フルーツライン」とよばれています。

フルーツライン沿いにはもも狩りができる果樹園がたくさんあります。

もも

バラ科モモ属の落葉高木。原産地の中国からペルシア（現在のイラン）に伝わったことから、英語では「ペルシア」を語源とする「ピーチ」とよびます。福島県のももの歴史は古く、弥生時代には食べられていたと言われています。福島市や伊達市を中心にさかんに栽培され、全国2位の収穫量をほこっています。

さくらんぼ狩りも人気です。

さくらんぼ

山形県の名産品としてしられるさくらんぼですが、福島県でもさかんに栽培されています。ハウス栽培されているものは出荷のタイミングが他県よりも早く、5月には食べることができます。

北海道・東北地方

伊達市
県庁所在地
福島市

知ってる？

あかつき

ももの品種である「あかつき」は、福島県で栽培されていた「白鳳」と「白桃」をかけあわせてつくられたオリジナル品種です。福島市に古くから伝わる伝統の祭り「信夫三山暁まいり」にちなんでその名がつけられました。強い甘みが特徴で、福島県で栽培されているももの中でもトップクラスの生産量をほこる品種です。旬をむかえる夏には、あかつきを使ったフルーツパフェや、もも狩りを目当てに県外から観光客が訪れるほどの名物になっています。

COLUMN

果物の定義②

　(4ページから続き)基本的に果物は「果樹」につく実と言えます。しかし、農林水産省の定義ではくり・うめは果樹になり、いちご・すいか・メロンは野菜となります。

　ただし、「くりは果物で、いちごは果物じゃない」というわけでもないのです。農林水産省は「野菜と果物(果実)の分類については、はっきりした定義はありません」と断っています。現時点では、果物の定義にはっきりした正解はありません。一般的な果物のイメージは「植物につく甘い(酸っぱい)実」といったものだと思いますが、これも立派な分類の一つです。この考え方なら、いちご・すいか・メロンも果物に入ります。

　そのため、この本ではくり・うめ・いちご・すいか・メロンを全て紹介しています。言葉にするなら、果物を「農林水産省の果樹の定義にあてはまる植物と、スーパーマーケットの果物売り場に置かれるなどして、多くの人が果物と考えている植物の実」と定義している本——といったところでしょうか。

　定義がはっきりしていないと、わかりにくい部分もあると思いますが、その分しらべてみると、新しい発見が色々とあるはずです。いちご・すいか・メロンは、この本の野菜編である『しらべよう！ 47都道府県の野菜』でも取り上げています。それは、いちごなどを果物と思っている人に、野菜とする考え方もあることを知ってほしいと考えたからです。この本の定義が気になった人は、ぜひ自分なりの果物の定義を、しらべて考えてみてください。

全7都県

関東地方

　1都6県からなる関東地方には、首都である東京都を中心に、たくさんの住宅や商業施設がある日本最大の都市圏があります。そのため、政治や経済の中心という印象もありますが、山の多い日本で最大の平野である関東平野の地理をいかして、果物づくりもさかんに行われています。

関東地方
茨城県

人口………290万人
面積………6,097平方キロメートル
県庁所在地…水戸市
主な作物……日本なし・メロン・くり・りんご・かき・みかん

　関東平野の一部である、常総台地が広がる茨城県では農業がさかんです。果物も、日本なし・ぶどう・りんご・かき・みかん・くりなど、さまざまな種類がつくられています。中でも、笠間市などで栽培されているくりは全国1位、筑西市・下妻市・かすみがうら市などで栽培されている日本なしは全国2位の収穫量をほこります。また、農林水産省の定義では野菜となるメロンの収穫量も全国1位です。

> 鉾田市など太平洋沿岸の地域でさかんに栽培されています。

メロン
　茨城県の火山灰からなる水はけのよい土壌や、一年を通じて温暖で、昼夜の気温差が大きい気候はメロンの生育に適しています。4月から11月という長期に渡って、時期ごとに「オトメメロン」「クインシーメロン」「アンデスメロン」といった、さまざまな品種が栽培されています。

> 果実の中の種子が食用部分です。

くり
　ブナ科クリ属の落葉高木。鋭いトゲに覆われた「いが」の中に固い果実が入っています。茨城県では笠間市を中心に明治時代から栽培がさかんです。

関東地方

笠間市
県庁所在地
水戸市
筑西市
鉾田市
下妻市
かすみがうら市

知ってる?

メロン生産日本一

茨城県内でメロンの栽培がはじまったのは1960年代です。鹿島灘に面した鉾田市を中心に、急速に栽培地域が増えていきました。茨城県のメロン生産量が日本一である理由としては、気候や土壌などの環境が栽培に適していたことに加えて、ハウス栽培によってさまざまな品種のメロンを長期的に出荷できることや、一大消費地である東京との距離が近いことなどがあげられます。

写真提供：茨城県

関東地方
栃木県

人口………196万人
面積………6,408平方キロメートル
県庁所在地…宇都宮市
主な作物……いちご・日本なし・ぶどう・
　　　　　　りんご・キウイフルーツ

　関東地方で面積が一番広い栃木県は、北部・東部・西部を山地にかこまれ、県の中央部から南にかけて関東平野が広がっています。平野部の南東にある真岡市を中心につくられているいちごは、全国一の収穫量をほこっています。宇都宮市や小山市をはじめとした各地で、日本なし・ぶどう・りんごがさかんに栽培されているほか、キウイフルーツ・くり・うめなども栽培されています。

> とちおとめは東日本を中心に、県外でもさかんに栽培されています。

いちご
　県内では「スカイベリー」や「なつおとめ」など、たくさんのいちごの品種が栽培されています。特に「とちおとめ」は、栃木県で生まれたオリジナル品種として広く知られています。粒が大きくてしっかりとした甘みがあるのが特徴で、県内で最も多く栽培されている品種でもあります。

> 栃木県産の日本なしの約9割を「幸水」と「豊水」という品種が占めています。

日本なし
　バラ科ナシ属の落葉高木。西洋なしと区別して「日本なし」とよばれます。日本で流通しているなしのほとんどは日本なしで、栃木県には「にっこり」というオリジナル品種があります。

知ってる？
いちご生産量日本一

栃木県のいちご収穫量が日本一である理由には、冬の日照時間が長い、昼夜の寒暖の差が大きい、といった気候に関する条件が栽培に適していること、一大消費地である首都圏が近いため、出荷がしやすいことなどがあります。昭和20年代から栽培がはじまり、栽培方法や品種の改良によって収穫期間が長くなり、品質の高いいちごが安定してつくられるようになりました。

写真提供：栃木県農業試験場いちご研究所

関東地方

県庁所在地
宇都宮市

真岡市

小山市

知ってる？
しんか

「しんか」は品種名ではなく、栃木県の日本なしのブランド名です。品種としては「幸水」と「豊水」という日本なしになります。県内産の幸水と豊水から、甘みの強さや果実の大きさなどの厳しい条件を全て満たしたものが「しんか」として出荷されています。基準を満たすものは全体の約1パーセントしかありません。

写真提供：JAはが野

関東地方

群馬県

人口………196万人
面積………6,362平方キロメートル
県庁所在地…前橋市
主な作物……もも・すもも・うめ・ブルーベリー・日本なし

　北東・北西・南西を山でかこまれ、山地が多い群馬県ですが、季節ごとにさまざまな果物がつくられています。県内の全域で栽培されているもも、高崎市榛名地区などで栽培されているもものほか、日本なし・りんご・ぶどう・さくらんぼなどがつくられています。榛名地区は関東地方でも特に果物の栽培がさかんな地域で、榛名地区を走る国道沿いには果樹園の直売所がいくつも並び、「フルーツ街道」とよばれています。

> 梅林は観光スポットとしても人気です。

うめ

　バラ科サクラ属の落葉高木。初夏に収穫した強い酸味を持つ果実を、梅干しやジャムなどに加工して食用とします。群馬県は古くから梅の産地として広く知られています。特に安中市秋間地区、高崎市榛名地区と箕郷地区には広大な梅林が広がり、その3つをあわせて「ぐんま三大梅林」とよんでいます。

> 栄養価が注目され、サプリメントの原料にも用いられます。

ブルーベリー

　ツツジ科スノキ属の落葉低木。濃い青色の果実は生で食べられるほか、ジャムなどの加工食品にも使われています。ブルーベリーには、およそ200もの品種が存在します。

関東地方

県庁所在地
前橋市

安中市

高崎市

知ってる？

群馬県オリジナルブルーベリー

　ブルーベリーの収穫量が全国4位の群馬県では、県内各地でさかんに栽培されており、近年は県産ブルーベリーを使用したワインづくりも行われています。「はやばや星」「あまつぶ星」「おおつぶ星」という3品種は群馬県のオリジナル品種で、3つがセットになった商品もあり、名産品として有名です。甘みの強い「あまつぶ星」と、果実が大きく酸味が強い「おおつぶ星」は、ブルーベリーとして日本で初めて登録された品種でもあります。

関東地方

埼玉県

人口………728万人
面積………3,798平方キロメートル
県庁所在地…さいたま市
主な作物……ゆず・うめ・ブルーベリー・日本なし・いちご

埼玉県は西部に山地が多く、中部と東部には関東平野が広がっています。山間部では、ゆず・うめ・ブルーベリーなどが、平野部ではいちじく・すももなどが栽培されているほか、くりやかきが県内全域でつくられています。県北西部にある秩父市には、都市圏からの距離も近いことから観光農園が多く、季節ごとの果物狩りを楽しむ人々でにぎわっています。

> 日高市以外にも、熊谷市など県内のさまざまな地域で栽培されています。

くり

埼玉県内では、南西部にある日高市の高麗・高麗川地区をはじめ、古くから養蚕業を営んできた農家が、昭和30年頃からくり栽培へ転換していったために、栽培面積が急速に広がっていきました。日高市では品質のいいくりを厳選し「高麗川マロン」というブランドとして出荷しています。

> 一般的に生食はせず、果汁を調味料などに使います。

かぼす

ミカン科ミカン属の常緑小高木。山間部にあたる秩父市では、斜面を活用したかぼすの栽培が行われています。昼と夜の気温差によって味の濃いかぼすがつくられ、「秩父かぼす」として人気を集めています。

知ってる？
いちごの里よしみ

　県の中部にある比企郡吉見町は、昭和30年代から栽培がはじまった「吉見いちご」が名産品です。そんな吉見町の道の駅が「いちごの里よしみ」で、その名の通り、新鮮ないちごを使ったお菓子や飲食物などが販売されています。冬から春にかけては、いちご狩りを楽しむこともできる施設として人気を集めています。

写真提供：道の駅 いちごの里よしみ

関東地方

熊谷市
秩父市
吉見町
日高市
県庁所在地
さいたま市

知ってる？
彩玉

　埼玉県では東部と北部を中心に、日本なしの栽培がさかんです。「彩玉」は2005年に品種登録された、埼玉県のオリジナル品種で、「新高」と「豊水」という品種をかけあわせてつくられました。強い甘みと香りが特徴で、果実一つの重さが、550グラム以上にもなる大玉の品種です。生産は埼玉県内に限定されています。

写真提供：埼玉県農林部生産振興課

関東地方

千葉県

```
人口………623万人
面積………5,158平方キロメートル
県庁所在地…千葉市
主な作物……すいか・日本なし・ブルーベ
         リー・ぶどう・かき・びわ
```

千葉県の大部分は、太平洋につき出るようにのびる房総半島です。土地のほとんどは平坦で、標高500メートル以上の山地がないただ一つの都道府県です。ブルーベリー・ぶどう・いちじく・かきなど、地域ごとにさまざまな果物が栽培されています。250年前から栽培されているびわは、明治時代から皇室に献上され続けている品質の高さをほこり、収穫量も全国2位です。

主力品種は「幸水」と「豊水」です。

日本なし

一年を通じて温暖な気候と、火山灰質の土壌は日本なしの成育に適しています。そのため、千葉県では江戸時代から栽培されています。長い歴史の中で、土壌の改良や栽培技術の研究が行われ、安定して美味しい日本なしがつくられるようになりました。都市圏への距離が近いことから、流通の面でも利点が多く、全国1位の収穫量をほこっています。

近年、高い栄養価によって注目されています。

ドラゴンフルーツ

サボテン科ヒモサボテン属の多肉植物。熱帯地域に生息する、「サンカクサボテン」というサボテンの果実がドラゴンフルーツです。竜のウロコのように見えることからこの名がつきました。

関東地方

富里市
船橋市
県庁所在地
千葉市

知ってる?

富里スイカ

千葉県では県の北部を中心にすいかの栽培がさかんで、熊本県に続く全国2位の収穫量をほこっています。中でも、富里市で栽培される「富里スイカ」は、全国的にも有名なブランドすいかです。富里市のある北総台地の土壌は、火山灰質の軽い土です。富里スイカはこの土壌に適したすいかをつくるために、研究開発が行われた末に生まれました。昼と夜の温度差が大きいことから生まれる、強い甘みが特徴です。

写真提供:JA富里市総務課

関東地方

東京都

人口…………1,362万人
面積…………2,191平方キロメートル
都庁所在地…東京
主な作物……日本なし・ぶどう・かき・キウイフルーツ・レモン

日本の首都であり、政治や経済の中心となっている東京都ですが、西部の多摩地域を中心に果物の栽培も行われています。日本なし・ぶどう・かき・キウイフルーツなど、季節ごとにさまざまな果物がつくられています。かきやキウイフルーツは、東京都オリジナルの品種も開発されています。また、伊豆諸島や小笠原諸島などの島嶼部では、パッションフルーツやレモンなどもつくられています。

> 稲城はサイズが大きく、一つの果実の重さが1キログラムになるものもあります。

日本なし

多摩地域の稲城市、東村山市などでは日本なしの栽培がさかんです。稲城市で最も多く栽培されている「稲城」は、稲城市内の農家でつくり出されたオリジナルの品種で、強い甘みとみずみずしい食感が特徴です。短い収穫期に地元で売り切れてしまい、市場にはほとんど出回らないため、「幻のなし」ともよばれています。

> 菊池レモンは「島レモン」ともよばれています。

レモン

ミカン科ミカン属の常緑小高木。小笠原諸島や八丈島ではレモンが栽培されています。1940年に八丈島出身の菊池雄二氏が島に持ち込んだ品種である「菊池レモン」が中心です。

知ってる？
東京ゴールド

東京都では、三鷹市や東村山市を中心にキウイフルーツが栽培されています。「東京ゴールド」は東京生まれのオリジナル品種で、小平市内の農家で発見されました。2013年に登録されたばかりの新しい品種で、一般的な「ヘイワード」という品種とは異なる黄色い果肉で、甘みが強い上にほどよい酸味もある、さわやかな味わいが特徴です。

写真提供：公益財団法人　東京都農林水産振興財団

関東地方

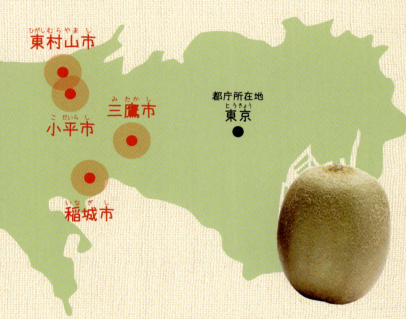

キウイフルーツ

マタタビ科マタタビ属のつる性落葉低木。果実にはうぶ毛がたくさん生えており、甘く、さわやかな酸味もある味わいが特徴です。

知ってる？
福羽苺

観光名所として知られる新宿区の新宿御苑は、明治時代までは農作物や園芸植物の栽培試験場でした。「福羽苺」は、新宿御苑の農学博士であった福羽逸人氏の研究によって生まれた、国産いちご第一号となる品種です。

写真提供：環境省新宿御苑管理事務所

関東地方

神奈川県

```
人口…………914万人
面積…………2,416平方キロメートル
県庁所在地…横浜市
主な作物……みかん・ぶどう・日本なし・
         かき・キウイフルーツ
```

神奈川県の東部は東京湾、南部は相模湾に面しており、二つの湾の間に突き出した三浦半島の南には遠洋漁業がさかんな三崎港があります。農地はそれほど広くない県ですが、果物はみかん・ぶどう・なし・かき・くり・うめ・キウイフルーツなどたくさんの種類が栽培され、みかんとキウイフルーツは全国でも上位の収穫量をほこっています。農林水産省の定義では野菜となる、いちごやメロンの栽培もさかんです。

> 果実には約1000個もの種子が入っています。

キウイフルーツ

神奈川県では小田原市など県西部を中心にさかんに栽培されており、神奈川県農業技術センターが開発した「片浦イエローイエロー」というオリジナル品種もあります。食物繊維が豊富な果物です。

> ケーキなどの洋菓子によく用いられます。

ブラックベリー

バラ科キイチゴ属の落葉低木。たくさんの小さな果実が集まって一つの果肉になっています。果実は未熟なうちは赤い色をしていますが、熟すとその名の通りの黒い色になります。

知ってる？

浜なし

横浜市には「浜なし」という日本なしがあります。品種名ではなく、横浜の果樹生産者団体が栽培したナシのブランド名で、主な品種は「豊水」「幸水」です。市場にはほとんど出回らず、庭先などの直売でしか手に入りません。そのため、とても新鮮でおいしい果実を食べることができます。

写真提供：横浜市農業振興課

関東地方

県庁所在地
横浜市

小田原市

知ってる？

湘南ゴールド

「湘南ゴールド」は、「ゴールデンオレンジ」「黄蜜柑」ともよばれる柑橘類「黄金柑」を改良して生まれた、神奈川県オリジナルの柑橘類です。外側の見た目はレモンのような黄色で、上品な甘みとさわやかな香りが特徴です。

写真提供：かながわブランド振興協議会

37

COLUMN

果樹の分類

　この本では、私たちが一般に「みかん」とよぶ「温州みかん」は「ミカン科ミカン属の常緑小高木」、ももは「バラ科モモ属の落葉高木」と説明しています。この、"科"や"属"といった言葉は、植物を含めた地球上の様々な生物を分類するためのまとまりを示しています。このまとまりには門・綱・目・科・属・種などがあり、「分類階級（階級）」とよばれます。

　この階級を使うことによって、多種多様な生物をグループ分けすることができます。私たち人間なら「動物界脊椎動物門哺乳綱霊長目ヒト科ヒト属ヒト種」、温州みかんなら、「植物界被子植物門双子葉植物綱ムクロジ目ミカン科ミカン属ウンシュウミカン種」と分類されます。

　上記のような、分類階級を使った分類を「自然分類（系統分類）」とよびますが、もう一方で、人間とのつながりや外見的な特徴などで分類する「人為分類」とよばれる分類方法もあります。花床が発達して果実の一部になる「仁果類」（りんごなど）、子房が発達した果実の中に種子の入った大きな固い核のある「核果類」（ももなど）、外果皮が薄く、中果皮や内果皮が多肉質で果汁の多い「液果（漿果）類」（ぶどうなど）といった、果実の構造などによる分類や、58ページのコラムで触れる果樹の高さなどによる分類が人為分類にあたります。他にも、果皮がくりのように乾いているものを「乾果」、みかんのように水分を持っているものを「液果」と分類するなど、人為分類にもさまざまな方法があります。

全9県

中部地方

日本の真ん中に位置する中部地方は9つの県で構成されています。場所ごとに気候などが大きく異なるため、日本海に面する県を「北陸地方」、太平洋に面する県を「東海地方」などとよんで区別することもあります。東海地方という区分には、この本で近畿地方に含まれる三重県を含むことが一般的です。

中部地方

新潟県

- 人口………228万人
- 面積………12,584平方キロメートル
- 県庁所在地…新潟市
- 主な作物……すいか・いちご・西洋なし・かき・もも

日本海に面して北東から南西にのびる新潟県は、全国でも特に降雪量が多い地域です。日本海の沿岸に広がる砂丘地帯から一年を通じてすずしい山間部まで、それぞれの土壌や気候条件をいかしたさまざまな果物が栽培されています。新潟市を中心に栽培されている、新潟県生まれのいちごの品種「越後姫」や、南魚沼市で大正時代から栽培されている「八色すいか」などが名産品として知られています。

「ル・レクチェ」などのよび名もあります。

西洋なし

新潟市や加茂市を中心に「ル レクチエ」という品種が栽培されています。ル レクチエはフランスで生まれた品種で、明治時代に新潟県に伝わりました。栽培が非常に難しい品種で、長い時間をかけて栽培技術の研究が行われ、今日では新潟県の名産品として定着しています。日本全体で収穫されるル レクチエの約8割が新潟県産です。

おけさ柿は佐渡島の民謡「佐渡おけさ」から名づけられました。

かき

カキノキ科カキノキ属の落葉高木。県西部にある佐渡島では、種なしのかきである「おけさ柿」の栽培がさかんです。おけさ柿は「あんぽ柿」という干し柿に用いられますが、種がなく甘いので生食にも向いています。

中部地方

県庁所在地
新潟市

佐渡島

加茂市

南魚沼市

知ってる？

あんぽ柿

「あんぽ柿」は干し柿の一種です。一般的な干し柿とは見た目や食感も大きく異なり、干す前に硫黄でいぶす点に大きな違いがあります。佐渡島では、ブランドがきである「おけさ柿」の皮をむき、表面を約一週間ほど乾燥させて果肉を半熟にしてつくられます。鮮やかなオレンジ色をしていて、果肉はゼリー状になっており、とろっとした口あたりとまろやかな甘さが特徴です。天日に干してつくられることから、元々は「天干し柿」とよばれ、それが転じて今の名前になったと言われています。

写真提供：佐渡市観光振興課

中部地方
富山県

```
人口..........106万人
面積..........4,248平方キロメートル
県庁所在地...富山市
主な作物......日本なし・かき・ゆず・うめ・
             いちじく
```

　富山県は東部に飛騨山脈があり、南部・西部も山が多い県です。中央部に広がる富山平野の多くは水田になっており、米づくりのさかんな県です。果物では、県を東西に二分する呉羽山のふもとでつくられるブランドなしの「呉羽梨」や、県西部の南砺市で「三社柿」という品種を使ってつくられる「富山干柿」や「富山あんぽ柿」などが名産品として知られています。

「香酸柑橘類」は、酸味が強く生食に向かない柑橘類を指します。

ゆず

　ミカン科ミカン属の常緑小高木。香酸柑橘類を代表する果物です。酸味が強く生食には向いていませんが、香りが良いためしぼった果汁が調味料として使われることが多いです。また、果皮を薄く切ったものを料理にあしらって、香りをつけることもあります。

稲積梅は富山県の固有種です。

うめ

　富山県西部にある氷見市稲積地区では「稲積梅」の栽培がさかんにおこなわれており、中部地方でも有数のうめの産地となっています。稲積梅は果肉に厚みがあって種が小さいのが特徴で、古くから家庭で梅干しにするなどして食べられてきました。

知ってる？
稲積梅

氷見市稲積地区で栽培されている「稲積梅」は、富山県で生まれたうめの品種です。核が小さく肉厚で、梅干やジュースなどの加工に適しています。

写真提供：富山県農林水産企画課市場戦略推進班

中部地方

氷見市

県庁所在地
富山市

砺波市

南砺市

知ってる？
庄川ゆず

砺波市の庄川地域では、昔からゆずの栽培がさかんに行われており、「庄川ゆず」というブランド名で知られています。暖かい地域でつくられるゆずに比べて、表面が粗くでこぼこしており、果皮が厚くて香りが強いのが特徴です。金屋地区を中心に栽培されていたため、以前は「金屋ゆず」とよばれていました。

写真提供：富山県農林水産企画課市場戦略推進班

中部地方

石川県

- 人口………115万人
- 面積………4,186平方キロメートル
- 県庁所在地…金沢市
- 主な作物……かき・すいか・ぶどう・メロン・りんご

　石川県の北部は日本海に突き出した能登半島で、漁業がさかんです。南部の海沿いに広がる金沢平野では、米づくりがさかんなほか、砂丘や南部の丘陵地帯でなし・ぶどうなどの果物がつくられています。県中央部にある、かほく市を中心に栽培されている「紋平柿」は、石川県固有の品種で、一つの果実の重さが250グラム以上にもなる名産品として知られています。

> 金沢すいかは白山連峰の伏流水で栽培されています。

すいか

　ウリ科スイカ属のつる性一年草。石川県内では、地域の気候条件をいかしたさまざまな品種のすいかが栽培され、ブランドすいかとして知られています。金沢市の砂丘地帯で栽培される「金沢すいか」は、昼と夜の気温差から生まれる強い甘みが特徴です。能登半島の赤土地帯、砂丘地帯で栽培されている「能登すいか」は、シャリシャリとした食感が特徴です。

> ルビーロマンは初競りで一房111万円で落札されたことがあります。

ぶどう

　石川県では、かほく市などでぶどうの栽培がさかんに行われています。粒の大きさが特徴的な「ルビーロマン」という、県独自の品種もあります。

写真提供：石川県観光連盟

中部地方

志賀町

かほく市

● 県庁所在地
金沢市

知ってる？

ころ柿

石川県の特産品としてしられている「ころ柿」は、能登半島の中部にある羽咋郡志賀町を中心につくられている干し柿です。かきを干すとき、太陽の光がよく当たるようにと、ころころと向きを変えていたことからこの名がついたと言われています。石川県独自の品種である縦長の渋柿「最勝柿」を原料に、柿が収穫される11月頃から製造がはじまり、12月から1月の短い期間にかけて出荷されます。元々は地元でお正月に食べられていましたが、近年はそのおいしさが知られ、年末年始の高級なおくりものとしても人気です。

写真提供：石川県観光連盟

中部地方

福井県

人口..........78万人
面積..........4,190平方キロメートル
県庁所在地...福井市
主な作物......うめ・日本なし・かき・メロン・すいか

　県の東部には両白山地の山がつらなり、北西部は沿岸まで山がせまっています。山地にかこまれるようにして広がる福井平野には水田が多く、農業の中心は米づくりです。果物では、県北部のあわら市を中心につくられている日本なしやかき、県南部の三方上中郡若狭町などでつくられているうめなどが広く知られています。

> 福井梅は戦後の昭和中期には「青いダイヤ」ともよばれていました（当時のブランド名は「西田梅」）。

うめ

　うめは福井県で最も多く栽培されている果物です。降雪量の多い福井県の中でも雪どけが早く、春先の気温が比較的高い海岸地域で多く栽培されています。「紅映」や「剣先」をはじめとしたさまざまな品種がつくられ、それらを総称した「福井梅」というブランド名で知られています。

> 「花咲紅姫」の品種はマルセイユメロンです。

メロン

　福井県のメロンは、福井平野や加越台地が広がるあわら市を中心に栽培されています。さまざまな品種がつくられていますが、特に、独特の縞模様がついた「花咲紅姫」というブランドメロンが有名です。

中部地方

あわら市

県庁所在地
福井市

若狭町

知ってる？

越のルビー

「越のルビー」は福井県生まれのミディトマト（大玉トマトとミニトマトの中間の大きさであるため）の品種です。「フルーツトマト」とよばれる、一般的なものと比べて非常に甘みが強いトマトの一種です。真っ赤に完熟してから収穫されるため、宝石のルビーにたとえてその名がつけられました。（※トマトは野菜ですが、「越のルビー」は非常に甘いトマトであり、またトマトを果物とする国もあることから、この本で紹介します）

写真提供：あわら市観光協会

中部地方

山梨県

人口…………83万人
面積…………4,465平方キロメートル
県庁所在地…甲府市
主な作物……ぶどう・もも・すもも・キウイフルーツ・かき

　中部地方の南東に位置する山梨県は、富士山や赤石山脈などにかこまれた内陸県です。夏は暑く、冬はすずしい気候をいかしてさまざまな果物が栽培されています。県中央部に広がる甲府盆地を中心に栽培されているぶどう・もも・すももは日本一の収穫量をほこっています。県内のほぼ全域に渡ってたくさんの果樹園があり、季節ごとに楽しめる果物狩りが観光資源にもなっています。

> 全国のぶどうの約4分の1が山梨県産！

ぶどう

「デラウェア」や「巨峰」や「ピオーネ」など、県内ではさまざまな品種が栽培されています。「甲斐路」など、山梨県固有の品種もあります。日本で栽培されているぶどうの中で一番古い品種である「甲州」も山梨県オリジナルで、ワインづくりにも使われています。

> 南アルプス市生まれの、もものように大きい「貴陽」という高級品種もあります。

すもも

バラ科サクラ属の落葉小高木。ももに比べて果実が小さく、酸味が強いのが特徴です。英語では「プラム」と言い、「すもも」という和名は、ももよりも酸っぱいことに由来します。すももの生産量も日本一です。

知ってる？
ぶどう生産日本一

日本一の収穫量をほこる山梨県のぶどう栽培の歴史はとても古く、718年から現在の甲州市勝沼町で栽培がはじまったと言われています。甲府市・山梨市・甲州市などが栽培の中心地となっています。また、ぶどうを原材料とした日本ワインの生産量も山梨県が日本一で、国内のワインづくりの中心地として知られています。

写真提供：山梨県 農政部

中部地方

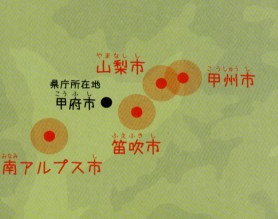

山梨市
甲州市
県庁所在地
甲府市
笛吹市
南アルプス市

知ってる？
もも生産日本一

山梨県は、ももの収穫量も日本一で、笛吹市を中心に栽培がさかんに行われています。養蚕を行っていた農家が昭和の中頃にもも栽培に切り替え、栽培地が急速に拡大していきました。特に、笛吹市の春日居町や一宮町はブランド産地として有名です。

写真提供：山梨県 農政部

49

中部地方
長野県

```
人口............208万人
面積............13,562平方キロメートル
県庁所在地...長野市
主な作物......りんご・ぶどう・日本なし・
              もも・プルーン・ブルーベリー
```

飛騨山脈・木曽山脈・赤石山脈という3つの大きな山脈が南北にのびる長野県は、約8割が山岳地帯です。昼と夜の寒暖差が大きいこと、日照時間が長いことなどが果物の栽培に適しており、りんご・ぶどう・日本なし・ももなど、さまざまな果物が栽培されています。県内で最も栽培面積が大きな種類はりんごで、長野県生まれの品種「シナノスイート」などが栽培されています。

> ハウス栽培によって、春先と秋冬の年2回収穫できる二期作が行われています。

ぶどう

県北部にある須坂市と中野市を中心に栽培されているぶどうの収穫量は、山梨県に続いて全国2位です。さまざまな品種が栽培されていますが、中でも一番多く栽培されている品種が「巨峰」です。2017年には、赤色系の皮ごと食べられる「ブドウ長果11」という新品種も開発されています。

> 県東部の佐久市を中心につくられ、その収穫量は全国1位です。

プルーン

バラ科スモモ属の落葉小高木。ヨーロッパ原産の「西洋すもも」(プラム)の一種です。乾燥させてドライフルーツにして食べたり、ジャムなどに加工されるのが一般的ですが、長野県では生で食べられる貴重なプルーンもつくられています。

知ってる？
シナノシリーズ

長野県では昭和45年からりんご品種の研究をはじめています。以降、「ふじ」と「つがる」をかけ合わせて生まれた「シナノスイート」をはじめ、「シナノレッド」や「シナノゴールド」など、"シナノ"の名がつく県オリジナルの品種が多数生まれています。

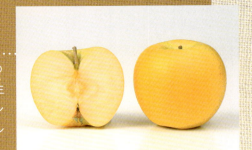

写真提供：長野県農政部

中部地方

県庁所在地
長野市
中野市
須坂市
佐久市

知ってる？
ナガノパープル

「ナガノパープル」は平成16年に品種登録された、「巨峰」と「リザマート」を交配させて生まれた新しいぶどうの品種です。長野県内でしか栽培することができない、おいしくめずらしいぶどうとして、近年注目を集めています。種がなく、皮ごと食べることができます。

写真提供：長野県須坂市役所農林課

51

中部地方
岐阜県

- 人口………202万人
- 面積………10,621平方キロメートル
- 県庁所在地…岐阜市
- 主な作物……かき・いちご・日本なし・もも・くり

岐阜県は、北部から中部にかけて山がつらなり、南部には濃尾平野が広がっています。世界文化遺産の白川郷などで知られる山間部の冬の寒さは厳しく、雪も多いです。木曽川・長良川・揖斐川を流れる豊富な水資源と、各地域の標高によって異なる気候条件をいかして、春はいちご、夏は日本なしやもも、秋はかきなど、季節ごとにさまざまな種類がつくられています。

> 糖度が高く、大きく、色と形が良いものが天下富舞に選ばれます。

かき

岐阜県では昔からかきの栽培がさかんで、江戸時代にはすでに数多くの品種がつくられていたと言われています。2015年には、甘みが強い「ねおスイート」という岐阜県オリジナルの品種が開発されています。さらに、ねおスイートの中でも特に品質の良いものを厳選して、「天下富舞」というブランド名で出荷しています。

> 県北部の高冷地でも、「夏いちご」とよばれる業務用のいちごがつくられています。

いちご

県南部にある美濃市の比較的平坦な土地では、いちごの栽培がさかんです。栽培の中心は岐阜県オリジナル品種である「濃姫」と「美濃娘」です。

中部地方

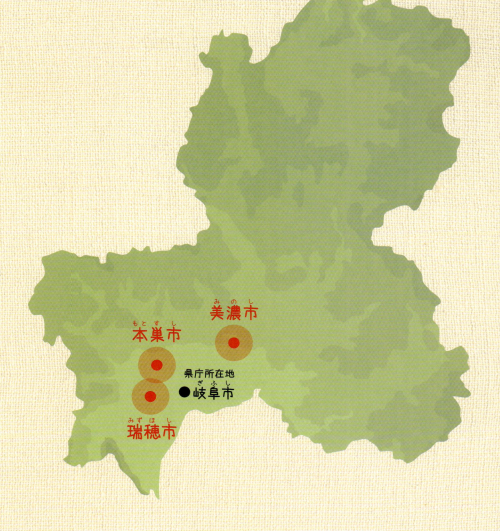

美濃市
本巣市
県庁所在地
●岐阜市
瑞穂市

知ってる?
富有柿発祥の地

「富有柿」は、日本で一番多く栽培されているかきの品種です。この富有柿は、岐阜県の南西部にある瑞穂市で生まれたものです。元々は瑞穂市居倉にある邸宅内でつくられ「居倉御所」とよばれていたものが明治時代になって評価され、急速に全国で栽培されるようになっていきました。甘みが強く、サクサクした食感が特徴です。本巣市には「富有柿の里いとぬき」という道の駅もあり、秋になるとかきを求める人たちでにぎわいます。

写真提供:岐阜県農産園芸課

中部地方

静岡県

```
人口‥‥‥‥368万人
面積‥‥‥‥7,777平方キロメートル
県庁所在地‥静岡市
主な作物‥‥みかん・いちご・メロン・マ
　　　　　　ンゴー・キウイフルーツ
```

静岡県の北部は山岳地帯で、山梨県との間には富士山がそびえています。南部は太平洋に面しており、暖かな気候です。県内全域でみかんの栽培がさかんなほか、いちごやメロンの栽培もさかんです。いちごは静岡市や伊豆の国市を中心につくられ、「章姫」と「さちのか」をかけ合わせた静岡県生まれの品種「紅ほっぺ」などがつくられています。メロンは県内各地でつくられ、特に温室メロンの栽培がさかんです。

みかん

> 現代では紀州みかんは「小みかん」とよばれています。

単に「みかん」と言う場合、一般的には実の大きな「温州みかん」を指します。温州みかんはミカン科ミカン属の常緑小高木です。静岡市の駿府城跡には、徳川家康が自ら植樹したと伝わる「家康公お手植のミカン」の木が今も残り、県の天然記念物に指定されていますが、この木は小ぶりな「紀州みかん」の一種です。かつては「みかん」と言えば紀州みかんを指しましたが、現在は温州みかんが生産量の大部分を占めています。

> 近年は九州や沖縄県以外の都道府県でも、マンゴー栽培の研究が進んでいます。

マンゴー

ウルシ科マンゴー属の常緑高木。熱帯地が原産で、日本では沖縄県や宮崎県、鹿児島県など暖かい地域で栽培されています。静岡県の栽培地は伊豆半島北部にある伊豆の国市が中心です。

中部地方

県庁所在地
静岡市

伊豆の国市
(いずのくにし)

浜松市北区三ヶ日町
(はままつしきたくみっかびちょう)

御前崎市
(おまえざきし)

知ってる？

三ヶ日みかん
(みっかび)

　静岡県西部の浜松市北区三ヶ日町では「三ヶ日みかん」
(しずおかけんせいぶ)(はままつしきたくみっかびちょう)　　　　　　(みっかびみかん)
というブランドみかんが名産品になっています。静岡県で
　　　　　　　　　　　(めいさんひん)　　　　　　　(しずおかけん)
は室町時代から県中南部の御前崎市ですでに栽培されてい
(むろまちじだい)(けんちゅうなんぶ)(おまえざきし)　　　(さいばい)
たと言われています。その後、江戸時代には紀州みかんの
　　　　　　　　　　　　　　(えどじだい)(きしゅう)
栽培が県内各地で本格的に開始され、三ヶ日でも、実が大
(さいばい)(けんないかくち)(ほんかくてき)(かいし)(みっかび)(み)(おお)
きな温州みかんへと種類を変えながら、今日まで栽培が
　(うんしゅう)　　　(しゅるい)(か)　　　(こんにち)(さいばい)
続けられてきました。現在では温州みかんの一種である
(つづ)　　　　　　　(げんざい)(うんしゅう)(いっしゅ)
「青島温州」という品種が中心になっています。
(あおしまうんしゅう)(ひんしゅ)(ちゅうしん)

写真提供：静岡県観光協会

55

中部地方

愛知県

人口..........750万人
面積..........5,172平方キロメートル
県庁所在地...名古屋市
主な作物......みかん・かき・ぶどう・いちじく・
　　　　　　 日本なし・もも

　中京工業地帯の中心地で、工業のさかんな県として知られている愛知県ですが、西部から南東部にかけて広がる平野部では農業もさかんです。温州みかんをはじめとしたみかん類や、かき・ぶどう・日本なし・もも・いちじくなど多くの種類が栽培されています。中でもいちじくの収穫量が全国1位であるほか、豊橋市を中心に栽培されているかきや、西尾市を中心に栽培されているいちごも全国トップクラスの収穫量です。

筆柿はその名の通り、太い筆の先のような形をしています。

かき

　愛知県で栽培されているかきの中でも、中心となっている品種が「次郎柿」です。次郎柿は主に豊橋市でつくられています。また、県の中南部にある額田郡幸田町では「筆柿」という品種がつくられています。どちらの品種も愛知県が収穫量全国1位です。

愛知県は収穫量日本一！

いちじく

　クワ科イチジク属の落葉高木。花を咲かせずに実をつけるように見えるため、中国で「無花果」と名づけられ、日本でもこの漢字があてられています。愛知県内では昭和40年代に入ってから栽培がはじまり、現在は安城市や碧南市が栽培の中心地です。

知ってる？

渥美アールス

愛知県の南端から突き出すように伸びている渥美半島では、昭和のはじめからアールスメロンの栽培が行われており、「渥美アールス」というブランド名で「あいちの伝統野菜」に選定されています。

写真提供：田原市農政課

中部地方

知ってる？

祖父江ぎんなん

北西部にある稲沢市祖父江町では、江戸時代からぎんなんのとれるイチョウの木がありました。。祖父江町でつくられるぎんなんは、大粒でもちっとした食感が特徴で「祖父江ぎんなん」という高級ブランドとして知られています。町内には1万本を超えるイチョウの木があり、毎年11月には「そぶえイチョウ黄葉まつり」というお祭りが開催されています（※樹木からとれる興味深い作物として紹介していますが、果実のできない裸子植物であるイチョウは果樹ではなく、ぎんなんもイチョウの種子であるため、果物ではありません）。

写真提供：JA 愛知西

COLUMN

樹木の分類

　ももは「バラ科モモ属の落葉高木」です。38ページのコラムでは"科"や"属"についてふれました。ここでは、それに続く"落葉高木"について解説します。

　多くの場合果物は、農林水産省が「果樹」と定義する木本植物がつける実になります。この、果物を実らせる果樹にも色々と違いがあり、"落葉高木"というのは、その分類の一つなのです。

　木本性の植物は、成長する高さによって「低木」、「小高木」、「高木」などと区別されます。取り扱う団体のルールによって、定義に差があることもあるのですが、一般的には木の高さが1メートルから3メートル程度で、根もとから複数の枝が伸びているものを「低木」、3メートルから8メートル程度のものを「小高木」、8メートル以上のものを「高木」とよんでいます。なお、高木果樹は、栽培管理をしやすくするため、樹高が低くなるよう剪定されるのが一般的です。さらに、木本性の植物には、一年を通じて葉がついている「常緑樹」、冬など特定の時期に葉を落とす「落葉樹」といった分類もあります。

　つまり落葉高木とは、高木で、なおかつ落葉樹である果樹を指す言葉なのです。本書では、果物を実らせる果樹の様子をイメージしやすくするため、初めて紹介する種類は、この2つの分類を記載しています。また、ぶどうのようなつる性の木本植物もあります。

　また、農林水産省の定義では野菜となるいちご・すいか・メロンは分類が異なります。こちらの説明については、『しらべよう！ 47都道府県の野菜』58ページで解説しています。

全7府県

近畿地方
きんきちほう

2府5県で構成される近畿地方は、日本第二の都市圏で西日本の経済の中心です。江戸幕府の成立以前は日本の中心であったことから、貴重な建造物や文化財が多く残されています。果物についても、奈良県では大和朝廷の時代からかきが栽培されるなど、長い歴史を持ち、現代まで受け継がれる食文化がたくさんあります。

近畿地方

三重県

```
人口………180万人
面積………5,774平方キロメートル
県庁所在地…津市
主な作物……みかん・うめ・かき・ぶどう・
　　　　　　日本なし
```

紀伊半島の東部に細長い形でのびている三重県は、カツオや伊勢えびなどの水産物が有名です。太平洋に面しているため、一年を通じて暖かい気候が続きます。伊勢湾に面する北部や、県の中東部にある志摩半島などで柑橘類の栽培がさかんです。南部の熊野市では、「新姫」という香酸柑橘類が栽培されています。新姫は日本でも熊野市でしか栽培されていない貴重な品種です。

御浜町は「年中みかんのとれるまち」を町のキャッチフレーズにしています。

みかん

南西部の東紀州地域では、南牟婁郡御浜町を中心に、一年を通じて「セミノール」や「サマーフレッシュ」、各種の「温州みかん」など、さまざまな品種が季節ごとにつくられています。長い時間をかけて品種改良が行われ、「みえ紀南1号」など県オリジナルの品種も開発されています。

南伊勢町の「五ヶ所小梅」は三重県の「みえの伝統果実」に選定されています。

うめ

熊野市・御浜町・紀宝町などの紀南地域ではうめの栽培が年々さかんになっています。柑橘類の栽培がさかんな三重県ですが、うめは柑橘類に適さない土地でも植えることができるため、栽培面積が拡大しています。

近畿地方

県庁所在地
津市

南伊勢町
（みなみいせちょう）

熊野市
（くまのし）

御浜町
（みはまちょう）

紀宝町
（きほうちょう）

知ってる？

市木オレンジ（いちぎ）

御浜町（みはまちょう）などで栽培（さいばい）されている「市木オレンジ」は、「夏みかん」と「温州みかん（うんしゅう）」をかけ合わせてできた品種（ひんしゅ）と言われています。50年以上前（いじょうまえ）から栽培（さいばい）されており、県が定（さだ）めた「みえの伝統果実（でんとうかじつ）」にも選定（せんてい）されています。見た目（みため）は夏みかん（なつ）に似ていますが、果肉（かにく）はあざやかなオレンジ色（いろ）をしており、すっきりとした甘み（あま）があるのが特徴（とくちょう）です。

写真提供：くまどこ

61

近畿地方

滋賀県

```
人口‥‥‥‥141万人
面積‥‥‥‥4,017平方キロメートル
県庁所在地‥大津市
主な作物‥‥メロン・日本なし・ぶどう・
            かき・すいか
```

　日本最大の湖である琵琶湖が中央にあり、その広さは県の面積の約6分の1におよびます。農業は米づくりが中心で、平野部の多くは水田になっています。果物は、ぶどう・日本なし・かき・くり・いちじく・ブルーベリーなどが栽培されています。東近江市や近江八幡市をはじめとした各地で栽培されるすいかには、「比良すいか」や「角井すいか」といった地域ブランドがあります。

> 滋賀県は収穫量日本一！

ブラックベリー
種のまわりに黒く小さな果実が沢山集まって一つの実になっています。「セイヨウヤブイチゴ」というよび名もあります。

> 彦根梨と愛東梨は品種としては「幸水」と「豊水」になります。

日本なし
滋賀県では昭和初期から日本なしが栽培されています。彦根市の曽根沼干拓地でつくられている「彦根梨」や、東近江市の旧愛東町で栽培されている「愛東梨」など地域ブランドの名産品もあります。

知ってる？

アドベリー

県西部の高島市には「アドベリー」という名産品があります。品種としてはベリー類の一つである「ボイセンベリー（ボイズンベリー）」で、旧安曇川町で栽培が始まったことからこの名がつきました。

写真提供：アドベリー生産協議会

近畿地方

高島市

彦根市

近江八幡市

東近江市

県庁所在地
大津市

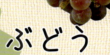

ぶどう

滋賀県では30種類以上のぶどう品種が栽培されています。「紅ぶどう」とよばれる「紅伊豆」「紅富士」「竜宝」という品種では、その中から、甘みの強さや房の大きさなど6つの基準を満たしたものが選ばれ、「紅式部」というブランド名で出荷されています。

知ってる？

むべ

近江八幡市で栽培されているむべは、楕円形をした赤紫色のアケビ科の果物で「トキワアケビ」ともよばれます。実の中にあるゼリー状の果肉が食用とされ、さっぱりとした甘みがあります。むべを食べると長生きをするという言い伝えがあり、縁起の良い果物として皇室にも献上されています。

近畿地方
京都府

```
人口………260万人
面積………4,612平方キロメートル
府庁所在地…京都市
主な作物……日本なし・メロン・もも・ぶ
　　　　　　どう・くり
```

　南北に長い京都府は、京都市を中心に観光業や商工業がさかんな南部と、農業や林業がさかんな中部、漁業がさかんな北部の3つに大きく分けられます。このうち、果物が多く栽培されているのが北部の丹後地域です。砂質の土壌をいかし、日本なし・メロン・もも・ぶどうなどがつくられています。久美浜湾に面した砂丘地帯では小玉すいかが栽培され、「砂丘のたまご」という名で出荷されています。

糖度11.5度以上の優れた品質のものだけが京たんご梨に選ばれます。

日本なし

　丹後地域では日本なしの栽培がさかんです。主な品種は「ゴールド二十世紀」で、果実のサイズが大きく、甘くてみずみずしいのが特徴です。収穫された中で特に甘い、基準を満たしたものは「京たんご梨」として出荷されています。京たんご梨は、京都府が認める品質の高い農林水産物である「京のブランド産品」にも選定されています。

近年は人気が高まり、京都府や各自治体が増産に向けた取り組みを行っています。

くり

　京都府の中部にあたる丹波地域では平安時代からくりの栽培がさかんで、京丹波町・南丹市・綾部市などでつくられるくりが「丹波くり」という地域ブランドとして知られています。大粒で甘みがあり、香りが良いのが特徴です。

近畿地方

京丹後市
綾部市
京丹波町
南丹市
府庁所在地
京都市

知ってる？

京たんごメロン

京丹後市の砂丘地帯ではメロンの栽培がさかんです。主に栽培されているのは「アールスセイヌ」という品種です。このうち、甘さ・大きさ・見た目などの条件を満たした質の高いものを「京たんごメロン」というブランド名で出荷しています。京都府が認める「京のブランド産品」にも選定されています。

写真提供：(公社) 京のふるさと産品協会

65

近畿地方

大阪府

```
人口…………883万人
面積…………1,905平方キロメートル
府庁所在地…大阪市
主な作物……ぶどう・みかん・もも・いち
             じく・くり
```

東京都・神奈川県の次に人口が多い大阪府は、近畿地方の中央部で西日本の政治や経済の中心地です。そのため、商工業がよりさかんですが、都市部の周辺では果物づくりも行われています。大阪府の食文化を支える、代表的な農産物を選定した「なにわ特産品」には、「能勢ぐり」「大阪みかん」「大阪ぶどう」「大阪もも」「大阪いちじく」などが選ばれています。

> 柏原市では約300年前からぶどうが植えられていたそうです。

ぶどう

南東部にある河内地域を中心にぶどうが栽培されています。主に栽培されている品種は、種がない小粒の「デラウェア」で、大阪府でつくられているぶどうの約9割がデラウェアです。他にも「巨峰」「ピオーネ」「シャインマスカット」といった粒の大きな品種など、さまざまなぶどうがつくられています。

> 2017年から、和泉市のすだちを使った手づくりポン酢の生産もはじまっています。

すだち

ミカン科ミカン属の常緑小高木。南部にある和泉市ではすだちの栽培が行われています。すだちが特産品である徳島県と和泉市の気候条件が似ていることから試験的に栽培が開始され、収穫量が増えていきました。

近畿地方

能勢町（のせちょう）

府庁所在地
大阪市（おおさかし）

柏原市（かしわらし）

和泉市（いずみし）

知ってる？

大阪（おおさか）ぶどう

　大阪府は日本全国でもトップクラスのぶどうの収穫量をほこっています。最も多くつくられている「デラウェア」に限定すると全国3位の収穫量です。本格的な栽培がはじまったのは明治時代で、南東部にある柏原市を中心に栽培地が広がっていきました。大阪府で栽培されているぶどうは「大阪ぶどう」と総称され、地域ブランドとして知られています。

67

近畿地方

兵庫県

人口………552万人
面積………8,401平方キロメートル
県庁所在地…神戸市
主な作物………びわ・くり・いちじく・いちご・メロン

　県の北部は日本海に、南部は瀬戸内海に面する兵庫県は、近畿地方で最も大きな農業のさかんな県です。地域ごとにさまざまな果物が栽培されており、淡路島ではびわ・柑橘類、県の南部を中心にくり・いちじく、北部を中心に日本なしがつくられています。特にいちじくの収穫量は日本でもトップクラスで、全国で一番多くつくられている品種である「桝井ドーフィン」の発祥の地も兵庫県です。

> 兵庫県では明治時代から栽培が行われています。

いちご

　兵庫県では、神戸市・明石市・洲本市などを中心にいちごの栽培がさかんです。明石市魚住町清水地区でつくられる「清水いちご」や、神戸市北区の「二郎いちご」など、地域ごとにブランドいちごがあります。「あまクイーン」や「紅クイーン」という兵庫県オリジナルの品種もあります。

> ゆずを使った調味料だけでも、醤油やシロップ、マーマレードなどたくさんの商品があります。

ゆず

　姫路市安富町や、神崎郡神河町ではゆずの栽培がさかんです。近年は名産品として知られるようになり、調味料やお菓子、ジュースなどさまざまな加工品も人気になっています。

知ってる？
ナルトオレンジ

柑橘類の栽培がさかんな淡路島には、「ナルトオレンジ」という固有の品種があります。江戸時代から栽培されていたと言われており、「鳴門蜜柑」ともよばれます。さわやかな酸味とほろ苦さが特徴です。

写真提供：吉備国際大学

近畿地方

知ってる？
丹波栗

中東部にある篠山市は、かつての行政区分である「丹波国」にあたる地域で、「丹波栗」の産地として知られています。栽培の歴史は古く、奈良時代の『日本書紀』にも、丹波栗を指すと見られる記述が残っているほどで、朝廷や幕府にも献上されてきました。大粒でほくほくした食感が特徴です。

近畿地方
奈良県

- 人口………135万人
- 面積………3,691平方キロメートル
- 県庁所在地…奈良市
- 主な作物……かき・日本なし・うめ・いちご・いちじく

紀伊半島の中央にある奈良県は、南部に紀伊山地がつらなり、まわりを山にかこまれるようにして、北西部にわずかな盆地が広がっています。標高100メートルから400メートルほどの山間地では、斜面をいかしたかきの栽培がさかんです。また、天理市や大和郡山市を中心にいちごの栽培もさかんで、「アスカルビー」という奈良県オリジナルの品種もつくられています。

> ハウス栽培でつくられたかきの出荷量は奈良県が日本一！

かき

奈良県では、西部にある五條市を中心にかきの栽培がさかんで、収穫量は全国2位です。歴史は古く、大和朝廷の時代から栽培されていたと伝えられています。「刀根早生」「富有」「平核無」「御所」をはじめとしたさまざまな品種のかきがつくられています。

> 直売所での販売やなし狩りもさかんです。

日本なし

奈良県の中部にある吉野郡大淀町では日本なしがさかんに栽培されています。寒暖差が大きいことやミネラル分を多く含む赤土の土壌であることから甘みの強い日本なしが育ちます。

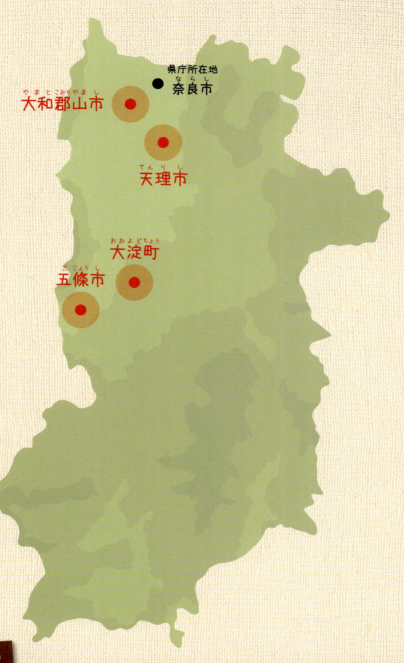

近畿地方

県庁所在地
奈良市(ならし)

大和郡山市(やまとこおりやまし)

天理市(てんりし)

大淀町(おおよどちょう)

五條市(ごじょうし)

知ってる?

刀根早生発祥の地

　かきの品種である「刀根早生(とねわせ)」は、奈良県北部の天理市で生まれました。果実は明るいオレンジ色で、形は平たい四角形です。そのまま食べると渋みがある渋柿なので、「渋抜き」という作業を行ってから出荷されます。奈良県では「刀根早生」のハウス栽培もさかんで、ハウス栽培でつくられた「ハウス柿」に限定すると、奈良県は7割近い全国シェアをほこっています。

近畿地方
和歌山県

```
人口………95万人
面積………4,725平方キロメートル
県庁所在地…和歌山市
主な作物……みかん・うめ・いちご・もも・
　　　　　　かき
```

紀伊半島の南西部にある和歌山県は、約8割が山地です。太平洋に面した暖かい気候と山の斜面をいかして栽培される、うめやみかんの産地として知られています。他にも、もも・かき・キウイフルーツなどさまざまな果物が栽培されています。いちごには、紀の川市貴志川町などで栽培される、和歌山県生まれのオリジナル品種「まりひめ」があり、おくりものとしても人気です。

「ゆら早生」や「田口早生」といった県オリジナルの品種もあります。

みかん
和歌山県のみかん栽培の歴史は古く、江戸時代にはすでに名産品として広く知られていたといわれます。県北西部の有田市が特に大きな産地となっており、「有田みかん」という地域ブランドになっています。さまざまな品種のみかんがつくられています。

みなべ・田辺地域だけで国内のうめの半分以上がつくられています。

うめ
和歌山県はうめの収穫量全国一をほこっています。日高郡みなべ町、田辺市を中心に、山の斜面をいかして栽培されています。主な品種は和歌山県で生まれた「南高梅」や「古城」です。

知ってる？

みなべ・田辺の梅システム

みなべ町と田辺市では、約400年にもわたり、うめの木の生えている山や生態系を壊さずに、うめを収穫し続けるサイクルが機能し、守り続けられてきました。その農業システム全体が「みなべ・田辺の梅システム」として、2015年に世界農業遺産（GIAHS）に登録されています。くわしくは次ページのコラムで紹介します。

写真提供：みなべ町うめ課

近畿地方

県庁所在地
和歌山市

紀の川市貴志川町

有田市

みなべ町

田辺市

知ってる？

温州みかん 生産日本一

中国から伝わった「小みかん」が、鹿児島県で突然変異によって種なしになったものが「温州みかん」のはじまりと言われています。明治時代から日本全国で栽培されるようになっていき、さまざまな品種があります。和歌山県は温州みかん全体の収穫量が日本一となっています。

COLUMN

「みなべ・田辺の梅システム」とは？

　和歌山県の南部に位置する、みなべ・田辺地域は日本一のうめの生産地として知られる、人口7万8000人（2016年）ほどの地域です。養分が少なく、礫質（礫＝砂を一定以上含んでいること）で崩れやすい山地が多い地域ですが、高品質なうめの持続的な生産を実現しています。

　「みなべ・田辺の梅システム」の特徴は、日本でも指折りのブランドである「南高梅」の林を山全体には広げず、梅林の周辺に必ず薪炭林（薪や炭の原料となる木が植えられている林）を残していることです。

　良質な炭として有名な「紀州備長炭」の原料がとれる薪炭林には、うめの受粉を助けるニホンミツバチがすんでいます。炭焼き職人たちが択伐（切る枝や木を選び、同時に後継樹を植え育てることで、長い期間をかけて少しずつ森林を更新していく伐採方法）することで、薪炭林は水源涵養（土壌が雨水を吸収して水源を保ち、河川へ流れ込む水量を調整して洪水も防止する機能）と、山の崩落防止という役割も果たしています。

　美しい里山と生物多様性を守りながら、貴重な農業文化をはぐくんできたみなべ・田辺地域では、就業者のうち7割がうめの産業に関わっています。このような取り組みで人々が守ってきた自然が、同時に人々の暮らしも支えているのです。

満開の梅林
写真提供：みなべ町うめ課

上記資料による国連食糧農業機関（FAO）の5つの認定基準は認定当時のものです。平成29年1月には細部の文言が多少変更された新しい認定基準が施行されています。

資料提供：みなべ・田辺地域世界農業遺産推進協議会

COLUMN

柑橘類とは？

　私たちが一般に「みかん」とよんでいる「温州みかん」はミカン科の植物です。そして、黄色くて酸味が強く、みかんとは形が異なるレモンも同じミカン科の植物です。この2つの果物は「柑橘類」とひとくくりによばれます。

　柑橘類は、「ミカン科」の中でミカン属・キンカン属・カラタチ属などに分類される、樹木に果実をつける種類をまとめて指す言葉です。花についた「子房」という部分が成長し、細長い涙形で果汁をたくさん含む「砂じょう」とよばれる小さな粒がつまった小袋（じょうのう）が、放射状に並んだ果実になることが共通点としてあげられます。「柑」という字はみかん、「橘」という字はミカン科の植物であるたちばなのことです。温州みかんやレモンのほか、オレンジ・グレープフルーツ・ぽんかん・はっさくなど、柑橘類には色や大きさ、味が異なるたくさんの品種があります。

　また、柑橘類の中でも、レモン・ゆず・すだち・シイクワシャーなど、酸味と香りが特に強いものを「香酸柑橘類」とよびます。これらの果実は、しぼった果汁を料理や飲み物などにかけて香りづけに使われたり、香りを楽しむ化粧品や入浴剤などに使われたりします。

　皮をむいて食べるもの、皮をむかずにそのまま食べるもの、果汁をしぼって使うものなど、同じ柑橘類でも、食べ方や利用のされ方はさまざまです。

柑橘類の果物の多くは酸っぱい味がします。この酸味のもとになるのは主に「クエン酸」という成分です。柑橘類はビタミンCなどの栄養素が多く含まれていることでも知られています。

全9県

中国・四国地方

中国地方は本州の一番西に位置し、5つの県で構成されています。四国地方は日本で4番めに大きい島を中心に、4つの県で構成されています。日本海と太平洋、中国地方と四国地方の間にある瀬戸内海という3つの海があり、それぞれに特徴のある気候条件をいかした果物づくりが行われています。

中国・四国地方

鳥取県

```
人口………57万人
面積………3,507平方キロメートル
県庁所在地…鳥取市
主な作物……日本なし・すいか・かき・ぶ
　　　　　　どう・メロン
```

　鳥取県の面積の約7割は山地で、南部には中国山地がつらなっています。北東部には日本海に面して鳥取砂丘が広がっており、その周辺にはなし狩りが楽しめる果樹園が並んでいます。日本なしの中でも、「二十世紀」という品種は特に有名で、鳥取県を代表する名産品です。また、県中部を流れる天神川流域の砂丘地帯を中心に、ぶどうの栽培もさかんに行われています。

鳥取県の二十世紀は台湾やアメリカにも出荷されています。

日本なし

　鳥取県では、県を代表する名産品である二十世紀の栽培がさかんです。二十世紀は、甘さと酸味のバランスが良い味と、シャキシャキした食感が特徴です。二十世紀に「幸水」という品種をかけ合わせた「秋栄」や「新甘泉」といった、県オリジナルの品種も存在します。

光合成ででんぷんができ、でんぷんが糖化することで甘くなります。

すいか

　年間の降雨量が多い鳥取県ですが、すいかの生育期間にあたる4月から6月にかけての日照時間はとても長く、光合成がさかんに行われるため、甘みの強いすいかがつくられています。北栄町の名産品である「大栄スイカ」や、琴浦町で栽培される、皮が黒くて種が少ない「がぶりこ」などのブランドすいかも有名です。

知ってる？
大山すいか

　大山の周辺では、楕円形で縞模様がなく濃い緑色をした珍しいすいか「大山すいか」が栽培されています。昭和のはじめに収穫量が激減してしまいましたが、近年は栽培面積を増やそうとする取り組みが行われています。

写真提供：鳥取県西部総合事務所日野振興センター

中国・四国地方

知ってる？
二十世紀

　鳥取県では、明治時代に千葉県から伝わった日本なしの品種である二十世紀の栽培がさかんです。二十世紀の収穫量に限れば日本一で、国内で収穫されている二十世紀の約半分が鳥取県でつくられています。湯梨浜町には、千葉県から鳥取県に伝わった際の苗木から接ぎ木された、巨大な古木「百年樹」が今も大切に栽培されています。

中国・四国地方

島根県

```
人口…………69万人
面積…………6,708平方キロメートル
県庁所在地…松江市
主な作物……メロン・いちじく・かき・ぶ
　　　　　　どう・日本なし
```

　日本海に面して細長くのびる島根県は、水産資源に恵まれており、農業では米の産出額が多い県です。果物ではかき・ぶどう・いちじく・日本なしなど、各地域でさまざまな果物がつくられています。農林水産省の定義では野菜となりますが、県西部の益田市では、水はけのよい土壌をいかした「アムスメロン」が名産品として知られています。

出雲市平田地区をはじめ、県内のさまざまな地域で栽培されています。

かき

　島根県は日本一の「西条柿」の産地として知られています。西条柿は中国地方で伝統的につくられてきた品種で、食感の良さと強い甘みが特徴です。そのままでも食べられますが、「ころ柿」や「あんぽ柿」といった干し柿にも加工されています。

島根県のデラウェアは「島根ぶどう」というブランドになっています。

ぶどう

　島根県は、種のない「デラウェア」という品種の栽培がさかんです。日本でもトップクラスのデラウェア収穫量をほこっています。出雲市には、良質なぶどうをいかしたワインづくりを行っている「島根ワイナリー」もあります。

80

知ってる？
ゴールデンパール

「ゴールデンパール」は島根県オリジナルのメロンの品種です。表面が黄色く、果肉は白い色をしています。とろけるような食感で甘みが強く、香りが良いのが特徴です。

写真提供：島根県農業技術センター

中国・四国地方

県庁所在地
松江市

出雲市

益田市

知ってる？
こづち

島根県の名産品である西条がきを、そのままでは渋みがあるため、ドライアイスを使って「渋抜き」をしたブランドがきが「こづち」です。「だいこくさま」として親しまれる、出雲大社の祭神・大国主大神が持つ打ち出の小づちに形が似ていることから、その名がつけられました。

写真提供：島根県農業協同組合

中国・四国地方

岡山県

人口............191万人
面積............7,115平方キロメートル
県庁所在地...岡山市
主な作物......ぶどう・もも・日本なし・いちご・かき

　岡山県の北部には中国山地がつらなり、南部には岡山平野が広がっています。一年を通じて温暖な気候をいかし、ももやぶどうなど、さまざまな果物が栽培されています。なしの栽培もさかんで、果実のサイズがとても大きい「愛宕」や甘みが強い「新高」といった日本なしのほか、中国原産の「鴨梨」という品種もつくられています。

「桃太郎ぶどう」という岡山県オリジナル品種もあります。

ぶどう

　雨が少なく、温暖な気候の岡山県ではさまざまな品種のぶどうがつくられています。特に、「マスカット・オブ・アレキサンドリア」の収穫量は日本一で、国内シェアの約9割を岡山県が占めています。ほかにも「ピオーネ」や「シャインマスカット」といった品種の栽培がさかんです。

「おかやま夢白桃」という、県内でのみ栽培が許されるオリジナル品種もあります。

もも

　昔話の「桃太郎」の故郷として知られる岡山県では、明治8年からももが栽培されており、現在は国内でも指折りの産地となっています。中でも、果実に袋をかけて大切に栽培される「白桃」が名産品として有名です。

82

知ってる？

白桃
はくとう

その名の通り、白く美しい「白桃」とよばれるももの中にも、さまざまな品種があります。岡山県を代表する品種として「清水白桃」が特に有名ですが、「はなよめ」や「白鳳」、県オリジナル品種の「おかやま夢白桃」なども人気です。

中国・四国地方

知ってる？

岡山県のぶどう

岡山県のぶどうの栽培の歴史は古く、明治初期からつくられるようになりました。アメリカから導入されたマスカット・オブ・アレキサンドリアの栽培がさかんになり、ハウス栽培の技術が研究され、この品種では日本一の収穫量をほこるまでになりました。岡山市・瀬戸内市・吉備中央町などでさかんに栽培されています。また、40年ほど前から栽培され、近年人気が高まっているピオーネの収穫量も日本一です。

写真提供：岡山県

中国・四国地方

広島県

- 人口………283万人
- 面積………8,479平方キロメートル
- 県庁所在地…広島市
- 主な作物……レモン・みかん・ブルーベリー・オレンジ・かき

県内の多くが山地である広島県は、北部に中国山地がつらなり、南部は瀬戸内海に面しています。温暖な気候に合った柑橘類の栽培がさかんで、固い皮の中に甘みの強い果肉がつまった「はるか」、ぽんかんと清美をかけ合わせた「はるみ」、広島県で発見された「石地」など、さまざまな品種がつくられています。レモンの収穫量は全国1位です

広島県は降水量が少なく、台風の被害も比較的少ない県です。

レモン

広島県のレモン栽培は、現在の呉市豊町大長で明治時代から行われています。和歌山県からネーブルオレンジの苗木を運んできたとき、混入していたレモンの苗木を試しに植えてみたことがはじまりだと言われています。レモンは雨と強い風に弱く、広島県の気候条件が栽培に適していたことから、日本を代表する生産地になりました。

同じ一房でもバラバラに色づくため、ほどよく熟したものを一粒一粒収穫します。

ブルーベリー

芸予諸島の中部にある豊田郡大崎上島町では、30年ほど前からブルーベリーがさかんに栽培されています。それまで西日本ではブルーベリーの栽培が行われておらず、大崎上島町がその先駆けになりました。

知ってる？

広島レモン

呉市・尾道市・大崎上島町などの島嶼部を中心に栽培されているレモンは、「広島レモン」というブランド名で広く知られています。そのまま食べられるほか、ジュースやゼリー、はちみつレモンなどの加工食品にも使われています。

写真提供：JA広島果実連

中国・四国地方

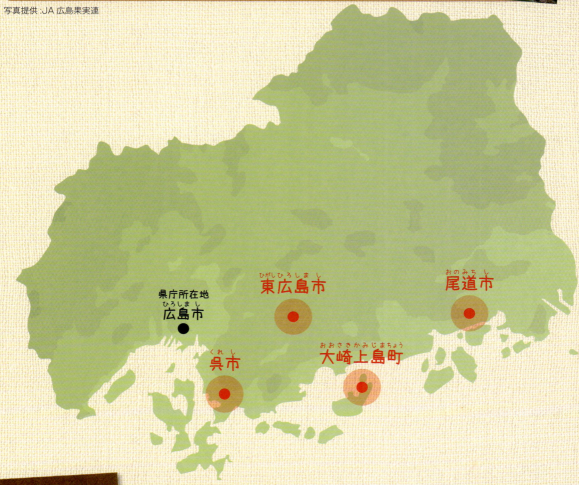

県庁所在地
広島市

東広島市
尾道市
呉市
大崎上島町

知ってる？

西条柿発祥の地

旧西条町（1974年に東広島市に新設合併）の長福寺は、かきの品種である「西条柿」発祥の地として知られています。江戸時代に書かれた文献にも、「鎌倉幕府の将軍の子が西条柿を食べた」という記述が残っており、少なくとも800年前には栽培されていたと考えられています。その後、広島県内での収穫量は減りましたが、東広島市では現在も栽培されています。

85

中国・四国地方

山口県

- 人口………139万人
- 面積………6,112平方キロメートル
- 県庁所在地…山口市
- 主な作物……みかん・りんご・くり・日本なし・レモン

　本州の最も西にある山口県は、北部・南部・西部を海にかこまれた漁業がさかんな県です。果物は、県西部の美祢市などで栽培される日本なし、山口市などで栽培されるりんご、周防大島町などで栽培されるみかんなど、さまざまな種類が県内各地でつくられています。北部の萩市を中心に栽培されているナツダイダイは、「夏みかん」の愛称で知られる柑橘類です。

愛媛県で有名ないよかんですが、その発祥は山口県萩市です。

みかん

　県内産の果物で最も栽培面積が広いのが温州みかんです。特に周防大島町は、降水量が少ない気候条件と、水はけのいい土壌がみかん栽培に適しており、県内一のみかん産地となっています。他にも、「ぽんかん」「いよかん」「なつみ」など、さまざまな品種が栽培されています。

岸根ぐりは一粒70グラムもの大きさになるものもあります。

くり

　県東部の岩国市では、くりの栽培がさかんです。平家の落ち武者が栽培方法を伝えたといわれる「岸根ぐり」が名産品として知られています。一般的なくりに比べて実が大きいのが特徴です。

写真提供：がんね栗の里

知ってる？
ゆめほっぺ

　柑橘類の山口県オリジナル品種である「せとみ」の中で、一定の品質基準を満たしたものが「ゆめほっぺ」というブランドみかんとして出荷されています。プチプチとした食感と強い甘みが特徴です。

写真提供：全農山口県本部

中国・四国地方

青海島　萩市

美祢市　県庁所在地 山口市

岩国市

周防大島町

知ってる？
夏みかん発祥の地

　正式名称を「ナツダイダイ（夏橙）」という、「夏みかん」のよび名で知られる柑橘類は、江戸時代に現在の長門市青海島で偶然発生した品種です。今も原木が残っており、国の天然記念物に指定されています。明治時代以降に本格的な栽培がはじまり、県内各地に広がっていきました。長期間熟成させることで強い酸味が抜け、甘みが生まれます。

87

中国・四国地方

徳島県

人口…………75万人
面積…………4,147平方キロメートル
県庁所在地…徳島市
主な作物……すだち・メロン・すいか・やまもも・ぶどう

　四国東部の徳島県の北と南には山がつらなり、その間に吉野川が流れています。果物で特に有名なのは、徳島県原産の香酸柑橘類であるすだちで、全国シェアはほぼ100パーセントをほこります。やまももの収穫量も全国1位です。他にも、山あいの標高の高い地域ではくり、吉野川流域ではきれいな水や豊かな土壌をいかしたメロン・すいかなど、地形に合わせさまざまな種類がつくられています。

すだちを使った日本酒や焼酎もつくられています。

すだち

　徳島県のすだちの収穫量は全国1位で、日本でつくられるすだちのほとんどが徳島県産です。栽培の歴史は古く、奈良時代から徳島に原生していたとも言われています。県内には樹齢200年と伝えられるすだちの木があり、少なくともその頃から食用として育てていたと考えられています。

生で食べる他に、シロップやジャムなどにも使われます。

やまもも

　ヤマモモ科ヤマモモ属の常緑高木。徳島県は全国1位の収穫量をほこっています。県の東部にある小松島市が栽培の中心地で、日あたりの良い山の斜面で栽培しています。

知ってる？
香梨

「香梨」は大きくみずみずしい青梨で、正式名称は「ナシ平塚16号」と言います。昭和後期に、育てるのが難しいために試験中止となったものの、味に注目した一部の生産者がつくり続けていました。現在も日本各地で栽培されていますが、生産量は「幻のなし」とよばれることもあるほど少なく、徳島県は西日本唯一の産地です。

中国・四国地方

県庁所在地
徳島市

小松島市

知ってる？
すだち 生産量日本一

徳島県のすだちは、露地栽培によるものとハウス栽培によるものがあります。露地栽培のすだちは果皮が厚く固いのですが、香りや風味が強いものが収穫できます。果実を切り、いろいろな料理に果汁をかけて香りをつけたり、皮ごとすりおろして料理にふりかけたり、調味料や薬味として使われます。

中国・四国地方

香川県(かがわけん)

人口………97万人
面積………1,877平方キロメートル
県庁所在地…高松市(たかまつし)
主な作物……みかん・ぶどう・キウイフルーツ・いちご・日本なし(にほん)

香川県は四国の北東にあり、北部は瀬戸内海に面しています。全国でもっとも面積が小さい県ですが、平地は広く、一年を通じ暖かな気候をいかして果物づくりが行われています。みかんでは「小原紅早生(おばらべにわせ)」、いちごでは「さぬき姫(ひめ)」、キウイフルーツでは「香緑(こうりょく)」や「さぬきゴールド」など、県オリジナルの品種がたくさんあります。

> 県内産のいちごの半分以上がさぬき姫です。

いちご

高松市を中心に、大正時代からいちごの栽培が行われています。香川県オリジナル品種の「さぬき姫」は、「さがほのか」と「三木2号(みきごう)」という品種をかけ合わせてつくられました。

> 生のかりんは果肉が固く、渋みがあります。

かりん

バラ科カリン属の落葉高木(らくようこうぼく)。香川県では西部にある三豊市(みとよし)を中心に栽培されています。生で食べるのには向かず、果実酒やジャムなどに使われるのが一般的です。

中国・四国地方

坂出市（さかいでし）
県庁所在地 高松市（たかまつし）
三豊市（みとよし）

キウイフルーツ

香川県では、生産量が多過ぎたことで柑橘類の値段が下がった昭和50年代から、キウイフルーツの栽培がさかんになりました。主な産地は高松市や三豊市で、果肉が黄色い「さぬきゴールド」、甘みが非常に強い「さぬきエンジェルスイート」、一口サイズの「さぬきキウイっこ」など県オリジナル品種が名産品となっています。

知ってる？

小原紅早生（おばらべにわせ）

香川県オリジナルみかんの「小原紅早生」は、国内で栽培されている約100種のみかんの中で、もっとも赤い果皮を持っています。昭和48年、坂出市の小原幸晴氏が「枝変わり」とよばれる突然変異で生まれた実を発見し、その実をつけた枝を接ぎ木して数を増やしていき、20年後に品種登録されました。

写真提供：（一財）かがわ県産品振興機構

中国・四国地方

愛媛県

人口………137万人
面積………5,676平方キロメートル
県庁所在地…松山市
主な作物……みかん・キウイフルーツ・かき・ライム・レモン

約9割が山地になっており、西日本でもっとも高い石鎚山がそびえる愛媛県は、瀬戸内海沿岸の暖かい気候をいかした果物づくりで有名です。特に知られているのは、温州みかんやよかんなどの柑橘類ですが、キウイフルーツの栽培もさかんです。また、かきも「富有柿」や「愛宕柿」など、さまざまな品種がつくられています。

愛媛県はキウイフルーツ収穫量日本一！

キウイフルーツ

県東部の西条市や中部の伊予市を中心に、キウイフルーツがさかんに栽培されています。一般的な品種である「ヘイワード」をはじめ、様々な品種がつくられています。

近年松山市はライムの栽培に力を入れています。

ライム

ミカン科ミカン属の常緑小高木。果汁をしぼって香りや酸味を楽しむ香酸柑橘類です。松山市では、暖かい気候をいかしたライムの栽培がさかんになってきています。

知ってる？
富士柿

県西部の八幡浜市国木で、昭和のはじめに発見されたかきの品種が「富士柿」です。まろやかな甘さと風味が特徴で、円錐形の果実が富士山を思わせることから、その名がつきました。

写真提供：西宇和農業協同組合

中国・四国地方

県庁所在地
松山市

西条市

石鎚山

伊予市

八幡浜市国木

いよかん

ミカン科ミカン属の常緑小高木。漢字では「伊予柑（「伊予」はかつての愛媛の名称）」と書きますが、発見されたのは明治時代の山口県でした。その後、愛媛県に伝わり松山市周辺に栽培が広がっていき、全国1位の生産地となります。現在県内でもっとも栽培されているいよかんは、松山市で発見された「宮内伊予柑」という枝変わり品種です。

知ってる？
柑橘類生産量日本一

愛媛県では、県南部や中部を中心に、柑橘類の栽培がさかんです。柑橘類全体で見た場合の収穫量は、愛媛県が全国1位です。「温州みかん」「いよかん」「ぽんかん」「不知火」などを中心に、合計40種以上もの柑橘類が栽培されています。この品種の多さも全国1位です。

93

中国・四国地方

高知県

人口............72万人
面積............7,104平方キロメートル
県庁所在地...高知市
主な作物......ゆず・みかん・日本なし・メロン

　四国で一番広い面積を持つ高知県は、北部に四国山地がつらなる、山と森林の多い地域です。暖かな気候、日照時間の長さ、降水量の多さといった気候条件をいかした果物づくりがさかんです。全国一の収穫量をほこるゆずや、「山北みかん」が有名なみかん、高知市をはじめ各地で栽培されているメロンなど、さまざまな種類がつくられています。

北川村では毎年10月（ゆずの収穫期）に「慎太郎とゆずの郷祭り」が開催されます。

ゆず

　県東部の安芸郡北川村では、江戸時代からゆずづくりが行われ、幕末の志士として知られる中岡慎太郎が栽培を奨励したとも言われています。その後、昭和40年頃から本格的な栽培がはじまり、高知県内でもトップクラスの産地になりました。

年末から年明けにかけて収穫されます。

ブンタン

　ミカン科ミカン属の常緑小高木。「ザボン」ともよばれます。酸味があるしっかりとした実に加え、皮も加工して食べられます。高知県では「土佐文旦」と、「水晶文旦」が名産品として知られています。

知ってる？
新高梨

高知市の針木地区一帯では、「新高」という日本なしの品種がさかんに栽培されています。2キログラム近くになることもあるほど大きな果実が特徴で、「まるはり」ともよばれます。

写真提供：高知県

中国・四国地方

知ってる？
ゆず生産量日本一

ゆずは他の柑橘類と違い、暖かい海沿いの地域よりも山間部に産地が多く、昼と夜の温度差が大きく、水はけのいい斜面が栽培に適しています。ゆずの収穫量全国1位の高知県では、県東部の安芸郡馬路村・北川村などが名産地として知られており、ゆず果汁を使ったジュースや調味料、化粧品など様々な加工品も人気です。

写真提供：高知県

95

COLUMN

エコで美しい「藍染め」

　ロシアで2018年に開催されるFIFAワールドカップ™で使用される、サッカー日本代表のユニフォームのベースカラーを「褐色」と言います。アイ（タデアイ）という植物を染料に用いる「藍染め」でつくられる、とても濃い藍色です。

　世界では約3千年前から行われていた藍染めは、飛鳥時代から奈良時代の間に伝わったとされています。天然染料で濃い色を出すには、何度も繰り返し染めなければいけません。かつては、布を叩く「かち」とよばれる作業を行いながら、手間をかけてつくられたため、「勝ち」になぞらえて武将が鎧の下に着る着物などに使われていました。

　明治時代後期になると、濃い色も簡単に染められる化学合成された染料の技術が発展し、手間のかかる藍染めは衰退していきます。しかし近年は、天然染料にしか出せない魅力的な色合いなどから、注目度が高まりつつあります。

　また、アイの葉を加工した染料は、色が出なくなっても肥料として使うことができるため、自然環境に優しいエコな産業でもあります。古くからアイの葉は薬草として用いられ、葉や種を加工して食べることもできます（アイはタデ科イヌタデ属の一年草で果樹ではありませんが、お菓子によく用いられることもあり、この本で紹介しています）。

　質のよいアイが育つ名産地として有名な徳島県では、藍染めを体験できる施設もたくさんあります。興味を持った人はぜひ調べてみてください。

藍染めの服や雑貨などを販売する「in Between Blues」（徳島県海部郡海陽町）では、藍染めを体験できます。カフェではアイを使ったお茶やお菓子も楽しむことができます。

in Between Blues　住所：徳島県海部郡海陽町宍喰浦松原216-3
　　　　　　　　Tel：0884-70-1488　Mail：inbetweenblues@gmail.com　（2018年2月現在）

全8県

九州・沖縄地方

九州地方は日本で3番めに大きい島を中心に7つの県で構成され、温暖な気候をいかした果物づくりが行われています。沖縄県は160もの島からなる、日本で最も南西にある都道府県です。明治初期までは琉球王国という別の国であったため、果物や野菜も含め、他の都道府県にはない特徴的な文化が今に伝わっています。

九州・沖縄地方

福岡県

人口‥‥‥‥510万人
面積‥‥‥‥4,986平方キロメートル
県庁所在地‥福岡市
主な作物‥‥みかん・かき・いちご・ぶどう・キウイフルーツ

　九州の北部にある福岡県は、九州地方の経済や文化の中心地です。さまざまな果物が栽培されていますが、県独自の品種「秋王」が名産品になっているかき、キウイフルーツやいちじくの収穫量は、全国でもトップクラスです。また、ブランドいちごの「博多あまおう」は全国的にも有名です。ぶどうの品種「巨峰」の栽培発祥の地（久留米市田主丸町）でもあります。

「甘うぃ」という福岡県オリジナル品種もあります。

キウイフルーツ

　福岡県では、県内で収穫されるキウイフルーツの中で特に甘みが強いものを「博多甘熟娘」「博多甘香」というブランド名で出荷しています。

とよみつひめは福岡県オリジナル品種です。

いちじく

　福岡県のいちじくの収穫量は全国5位となっています。「桝井ドーフィン」「蓬莱柿」「とよみつひめ」の3品種が栽培されています。

98

知ってる？
福岡県のかき

甘柿に限れば全国1位の収穫量をほこる福岡県のかきは、9月の「西村早生」から、11月上旬～12月上旬の「富有柿」までさまざまな品種をリレーし、さらには12月以降も富有柿を一つずつ冷蔵して、2月上旬までの出荷を可能とする「冷蔵富有柿」まで、半年近くに渡り出荷されています。

九州・沖縄地方

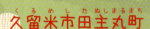
県庁所在地
福岡市

久留米市田主丸町

いちご

福岡県では1920年代からいちごの栽培がはじまりました。1983年に「とよのか」の栽培がはじまると、「博多とよのか」という地域ブランドとして広く知られるようになり、産地として大きく発展していきました。その後、研究開発によって「博多あまおう」が生まれ産地がさらに拡大し、現在は全国2位の収穫量をほこっています。

知ってる？
博多あまおう

「博多あまおう」は、長い研究開発の末に生まれたいちごです。「あまおう」は商標で、正確な品種名は「福岡S6号」と言います。県内では「とよのか」が代表的な品種として知られていましたが、さらに強い甘みと、大きな粒を目指してつくられました。「あかい」「まるい」「おおきい」「うまい」の頭文字からその名がつけられました。

99

九州・沖縄地方

佐賀県

人口……………82万人
面積……………2,441平方キロメートル
県庁所在地…佐賀市
主な作物………いちご・みかん・日本なし・
　　　　　　　　キウイフルーツ・かき

　九州の北西部にある佐賀県の北部には、筑紫山地の山々がつらなり、そのすそ野に筑紫平野が広がっています。果物づくりがさかんな県で、佐賀県生まれの「さがほのか」が有名ないちごや、みかん・キウイフルーツ・かきなど様々な種類がつくられています。県西部の伊万里市では日本なしの栽培がさかんで、ハウス栽培に限った収穫量は全国1位となっています。

さがほのかは日本中でつくられています。

いちご

　「さがほのか」は佐賀県で生まれたいちごの品種です。果実が大きい「大錦」と甘みが強い「とよのか」を交配して、1998年に誕生しました。佐賀県産のいちごのほとんどが、さがほのかです。

「上野早生」や「宮川早生」がハウス栽培されています。

みかん

　佐賀県のハウスみかんは全国でもトップクラスの収穫量をほこります。主な産地は県北部の唐津市や、玄海町などの東松浦郡で、特に唐津市浜玉町は日本一のハウスみかん生産地として有名です。佐賀県は冬の日照時間が少なく、ハウスみかん栽培に適した環境というわけではありませんでしたが、長年の栽培技術の研究によって収穫量を増やしていきました。

九州・沖縄地方

知ってる?
佐賀県のブランドがき

　県西部の武雄市で栽培されているブランドがき「温泉美人」は、「刀根早生」や「平核無」のうち、一定の品質条件を満たしたかきを厳選したものです。実の赤味が濃く、サクッとした食感が特徴です。また、佐賀県が原産の「伽羅柿」という品種も、樹齢が50～100年にならないと甘みが出ないことから生産量が少ないものの、皇室にも献上された名産品として知られています。

写真提供:佐賀県農業協同組合

九州・沖縄地方

長崎県

人口………136万人
面積………4,132平方キロメートル
県庁所在地…長崎市
主な作物……びわ・はるか・みかん・いちご・レモン

　日本本土で最も西に位置する長崎県は、県の面積の約4割を占める約600もの島があります。長崎半島を中心に、暖かい気候をいかしたびわの栽培がさかんで、収穫量は全国1位です。また、温州みかんの収穫量も全国でトップクラスです。長崎市の周辺を中心に栽培がさかんないちごは、主に「さがほのか」や「さちのか」といったブランド品種がつくられています。

長崎県は愛媛県に続く全国3位の収穫量です。

はるか

　ミカン科ミカン属の常緑小高木。柑橘類の品種の一つで、「日向夏」が突然変異して生まれました。日向夏よりも甘みが強いのが特徴です。

長崎県では、近年「ゆめのか」という品種の栽培に力を入れています。

いちご

　江戸時代にオランダからいちごが伝来した長崎県では、今日にいたるまで、西海市をはじめ県内全域でいちごづくりがさかんです。冬の日照時間が長く暖かい気候条件が、いちごの栽培に適しています。

九州・沖縄地方

びわ

バラ科ビワ属の常緑高木。長崎県では江戸時代から栽培が行われ、全国1位の収穫量をほこる県の名産品となっています。酸味が少ない「茂木」、長崎県生まれの「長崎早生」、大玉で食べ応えのある「福原早生」といった品種が栽培され、「長崎びわ」という地域ブランドとして知られています。

西海市

県庁所在地
長崎市

長崎市茂木町

知ってる？
びわ生産量日本一

長崎市茂木地区を中心に、暖かな気候をいかして県内各地でびわの栽培がさかんです。江戸時代に中国から伝わった種を畑にまいたのが、長崎県のびわ栽培の始まりとされています。主な品種は「茂木」で、果肉がやわらかく、上品な甘さがあり、酸味が少ないのが特徴です。

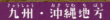
九州・沖縄地方

熊本県

人口………177万人
面積………7,409平方キロメートル
県庁所在地…熊本市
主な作物……すいか・みかん・メロン・いちご・くり

　県の東部に九州山地があり、北部と南部も山地にかこまれている熊本県では、西部の平野部を中心に農業がさかんな県です。農林水産省の定義では野菜となりますが、すいかの収穫量は全国1位で、「色見すいか」や「上津深江すいか」といった地域ブランドもあります。みかんも全国有数の産地として知られ、「肥のあけぼの」など県オリジナルの品種もあります。

> 県中部の宇城市を中心に栽培されています。

不知火

　ミカン科ミカン属の常緑小高木。「清見」と「ぽんかん」の交配で生まれた品種です。熊本県では一定の基準を満たした不知火を「デコポン」という商標で出荷しています。

> 太秋柿は熟すと表面に「条紋」という黒い筋が出ます。

かき

　近年、宇城市では「太秋柿」という高級かきが人気を集めています。350〜400グラムと大きな果実と、高い糖度、りんごや日本なしのようなシャリシャリとした食感で、名産品となっています。

知ってる？
すいか生産量日本一

熊本県では、古くからすいかの栽培が行われており、1735年の『肥後之国熊本領産物帖』という文献にもすいかの名前があるそうです。以前は夏に出荷する露地栽培が主流でしたが、ハウス栽培が急速に普及し、4月～5月にかけて出荷する「早出しすいか」がつくられるようになりました。昼と夜の気温差によって生まれる強い甘みが特徴となっています。

九州・沖縄地方

玉名市　阿蘇山　県庁所在地 熊本市　宇城市　八代市

みかん

熊本市や玉名市を中心に、みかんの栽培がさかんに行われています。温州みかんの栽培の歴史は古く、1782年から当時の領主によってみかんづくりが奨励されていたそうです。9～10月に出荷される、温州みかんではもっとも早い「極早生みかん」の栽培がさかんで、「肥のあけぼの」「肥のあかり」といった熊本県生まれの品種もたくさんあります。

知ってる？
晩白柚

「晩白柚」は八代市でつくられるブンタン（ザボン）の一種で、1個3キログラムを超えるものもある世界最大級の柑橘類です。皮も砂糖漬けなどにして食べることができます。

写真提供：八代商工会議所

九州・沖縄地方
大分県

人口………116万人
面積………6,341平方キロメートル
県庁所在地…大分市
主な作物……かぼす・いちご・みかん・日本なし・ぶどう

山地が多い大分県は、南部から中央にかけて火山帯がのびており、その近くには別府温泉や由布院温泉など、有名な温泉地があります。一年を通じて暖かい気候をいかし、柑橘類の栽培がさかんです。特にハウスみかんは日本でも有数の収穫量になっています。県オリジナルの柑橘類の品種も栽培され、「ゼリーオレンジ・サンセレブ」というブランド名の名産品もあります。

「宮川早生」や「高林早生」などの品種がハウス栽培されています。

みかん
大分県では、昭和49、50年頃から北東部の杵築市を中心に、県内各地でみかんのハウス栽培が始まりました。ハウスみかんに限定すると、日本でもトップクラスの収穫量をほこります。大分県では暖かい気候をいかして日本一早い時期に収穫することが可能で、4月頃から全国各地に出荷されています。

日本のかぼすの98パーセントが大分県産！

かぼす
大分県が全国1位の収穫量をほこっています。強い酸味と香りをもった果汁を絞って料理の香りづけなどにつかわれます。

知ってる？
かぼす生産量日本一

かぼすは風邪の予防薬などにもなると言われており、大分県では古くから竹田市や臼杵市の民家の庭先に、薬用として植えられていました。臼杵市に残る言い伝えによると、江戸時代に宗源という医師が京都から持ち帰った苗木を植えたのが栽培のはじまりとされています。

写真提供：大分県

九州・沖縄地方

知ってる？
サンクイーン

グレープフルーツとみかんの一種である「タンゼリン」のかけ合わせによって生まれた柑橘類です。正式な品種名は「セミノール」と言います。大分県では「サンクイーン」という名称で出荷され、その名の通り、果実は太陽のような赤色です。

写真提供：大分県

| 九州・沖縄地方 |

宮崎県

```
人口‥‥‥‥109万人
面積‥‥‥‥7,735平方キロメートル
県庁所在地‥‥宮崎市
主な作物‥‥‥もも・かき・マンゴー・いちご・
　　　　　　みかん
```

　九州の南東部にある宮崎県では、県の面積の7割以上が山地になっていますが、東部の沿岸に面して広がる宮崎平野を中心に、果物の栽培がさかんに行われています。日向夏・きんかん・温州みかんといった柑橘類をはじめ、熱帯の果物であるマンゴーやパパイアなども栽培されています。「へべす」という香酸柑橘類の原産地も宮崎県です。

> 果実は皮ごと食べることができます。

きんかん

　ミカン科キンカン属の常緑小高木。宮崎県で主に栽培されているのは「寧波金柑」という品種で、強い甘みが特徴です。

> 沖縄県ではまだ青い状態でサラダなどにも使われます。

パパイア

　パパイア科パパイア属の常緑小高木。熱帯地方が原産の果物で、気温が高く日照時間が長い気候が栽培に適しています。宮崎県では宮崎市清武町を中心に栽培が行われています。

九州・沖縄地方

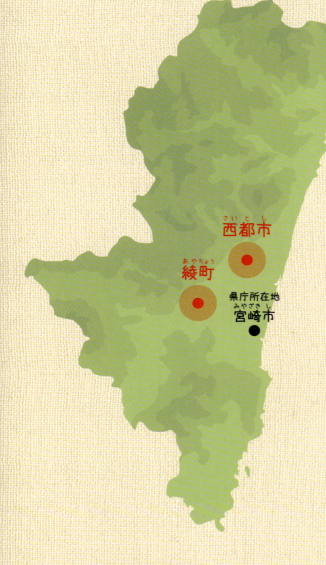

マンゴー

　宮崎市・西都市を中心にマンゴーが栽培され、宮崎県を代表する名産品として有名です。熟した果実が自然に木から落ちるのを、ネットで受け止める独自の方法で収穫されています。完熟したマンゴーの中でも、甘さやサイズなどの一定の品質基準を満たしたものが「太陽のタマゴ」というブランド名で出荷されています。

写真提供：公益財団法人みやざき観光コンベンション協会

知ってる？

日向夏

　「日向夏」は宮崎県原産の柑橘類で、1820年に宮崎市赤江の宅地内で偶然発見された品種です。県の中西部にある東諸県郡綾町などで栽培され、その収穫量は全国1位です。黄色い果皮をナイフでうすくむき、内側の白いわた状の皮と一緒に果肉を食べます。白皮部分の甘みと果肉のさわやかな酸味が特徴です。

109

九州・沖縄地方

鹿児島県

```
人口…………163万人
面積…………9,187平方キロメートル
県庁所在地…鹿児島市
主な作物……みかん・ぽんかん・パッショ
              ンフルーツ・びわ・すもも
```

九州で一番南にある鹿児島県は、活火山の桜島をかかえこむような形をしており、土壌の多くの部分が火山灰などがふりつもってできたシラス台地になっています。県内各地で温暖な気候をいかし、ぽんかん・たんかん・きんかんなどの柑橘類や、熱帯地方原産のマンゴーやパッションフルーツ、びわやすももなど、さまざまな果物が栽培されています。

台湾を経て鹿児島県に導入されたといわれています。

たんかん

ミカン科ミカン属の常緑小高木。中国が原産地で、県内の各地でさかんに栽培されており、その収穫量は全国1位です。糖度が高く、ジューシーな味わいが特徴です。

日本では明治時代から栽培がはじまりました。

パッションフルーツ

薩摩半島の南端にある指宿市などで栽培されており、その収穫量は全国1位です。さわやかな香りと強い甘み、ほのかな酸味が特徴です。

九州・沖縄地方

ぽんかん

　ミカン科ミカン属の常緑小高木。鹿児島県を代表する柑橘類で、日本でもトップクラスの収穫量をほこっています。主な産地は鹿児島県の南部に位置する屋久島で、島内には樹齢80年以上のぽんかんの古木が自生しています。果皮は手でむけるほどやわらかく、果汁がたっぷりつまって甘みが強いのが特徴です。

桜島
県庁所在地 鹿児島市
指宿市

知ってる？

島バナナ

　屋久島と奄美大島の間に点在する島々からなるトカラ列島では、「島バナナ」とよばれる高級バナナがつくられています。特に栽培がさかんなのが宝島と中之島で、サイズが小さな「小笠原」とやや大きな「中間種」という2つの種類があります。ねっとりと粘りが強い食感が特徴です。

写真提供：NPO法人トカラ・インターフェイス

屋久島

中野島

宝島

奄美大島

九州・沖縄地方

沖縄県

- 人口………143万人
- 面積………2,281平方キロメートル
- 県庁所在地…那覇市
- 主な作物……マンゴー・パインアップル・シイクワシャー・ドラゴンフルーツ・すいか

　日本のもっとも西にある沖縄県は、海にかこまれた160もの島からなります。一年を通して暖かく、雨が多い気候をいかした果物づくりが行われています。マンゴー・パッションフルーツ・パパイア・ドラゴンフルーツなど、熱帯地方が原産の種類が多く栽培されているのが特徴です。沖縄県に古くから自生しているシイクワシャーは、果汁をしぼって調味料として使われたり、ジュースやお酒などにも使われます。

一般的なバナナの半分ほどの大きさで、皮が薄いのが特徴です。

バナナ

　バショウ科バショウ属の多年草。沖縄では昔から家の庭先にバナナが植えられ、手軽に食べられる果物として親しまれてきました。バナナは大きな木になりますが、木本植物ではなく草本植物です。実をつけたあとに枯れて、地下茎（地中にある茎のこと）から再び伸びてきます。

写真提供：沖縄観光コンベンションビューロー

葉や果実が特徴的な形の果物です。

石垣島

パインアップル

　パイナップル科アナナス属の多年草。日本に伝わったのは1830年頃と言われています。沖縄県では、沖縄本島の北部や石垣島などの離島で栽培されています。

知ってる？

ドラゴンフルーツ

日本では20年ほど前から栽培が本格的にはじまり、沖縄県の収穫量が全国一となっています。果肉が赤いものと白いものの2種類があります。ビタミンやミネラルなどさまざまな栄養素を持ち、さっぱりしたほのかな甘みがあるのが特徴です。

九州・沖縄地方

県庁所在地
那覇市

豊見城市

マンゴー

沖縄県では、沖縄本島の南部にある豊見城市などでマンゴーが栽培されています。他の県では暖房でビニールハウスの温度を上げて栽培していますが、沖縄では、温度を上げる必要はなく、雨や風を避けるためにハウス栽培されています。沖縄県産マンゴーから、糖度と大きさが最上級のものだけを厳選した「美らマンゴー」というブランドもあります。

写真提供：沖縄県農林水産園芸振興課

知ってる？

シイクワシャー

沖縄県に古くから自生する香酸柑橘類で、熟する前の青い実は果汁をしぼって風味づけに使いますが、黄色く熟した果実は皮をむいてそのまま食べられます。シイクワシャーの「シイ」は「酸」を、「クワシャー」は「食わせる」を意味しており、その二つを合わせると「酸を食べさせる」という意味になります。

用語集

　この本には、果物やその栽培方法などについての専門用語や、ふだんはあまり見聞きしない言葉が出てきます。ここでは、その中でも特に大切な言葉や、難しい言葉について説明します。

枝変わり ……… (91 ページ初出)
樹木のある部分から、親とは違う性質を持つ枝が発生すること。

加工 ……… (6 ページ初出)
原材料に手を加えて、何か新しいものをつくること。

果皮 ……… (10 ページ初出)
種子を持つ植物の、果実を取りかこんでいる部分全体を指します。果皮はさらに、一番外側の「外果皮」、種子を直接かこんでいる「内果皮」、外果皮と内果皮の中間部分である「中果皮」に分類できます。

干拓 ……… (62 ページ初出)
干潟や、浅い湖や沼などに、水が入ってこないようにしたり、水を抜いたりすることで陸地にすること。地盤が弱いので、家を建て、人が住む目的ではなく、農地にするためにされることが多く、干拓した土地を「干拓地」と言います。

耕地面積 ……… (6 ページ初出)
農作物を育てるために使われている土地の面積のこと。

栽培 ……… (4 ページ初出)
植物や菌類を植えて育てること。

砂丘 ……… (40 ページ初出)
風によって運ばれた砂が丘状に積み重なった地形のこと。日本では鳥取県の鳥取砂丘が有名。

JA ……… (15 ページ初出)
"Japan Agricultural Cooperatives" の略称で「農業協同組合」という意味です。農家や、農業を行う法人が設立した組合で、農業を支援するためのさまざまな取り組みを行っている組織です。

自生 ……… (111 ページ初出)
植物が、人間による栽培にたよらずに、自然のまま生育すること。

子房 ……… (38 ページ初出)
花のめしべの下部のふくらんでいる部分で、胚珠を包んでいます。胚珠が受精して発達すると、子房は果実に、胚珠は種子になります。

収穫・収穫量 ……… (5 ページ初出)
「収穫」はつくった農作物を食べたりするためにとることで、「収穫量」は農作

物をとった量を意味します。「生産量」や「出荷量」という言葉もありますが、これらは一般的に、実が欠けているものなど、商品として出荷できないものを取り除いた量や、加工が必要な農作物なら加工を終えたものの量を指すため、収穫量とは違う意味の言葉として使われます。

受粉樹 ……………… (19 ページ初出)

花粉が、子房のある被子植物の場合はめしべに、子房のない裸子植物の場合は胚珠につくことを「受粉」と言います。果樹には、自身の花粉を受粉して実をつけることができる（自家結実性）品種と、実がつかない（自家不結実性）品種があります。「受粉樹」とは、自家不結実性を持つ品種や、自家結実性ではあるものの、あまり実をつけない品種から、実をたくさんとるために近くに植えられた、同種類・別品種の果樹のことです。

樹齢 ……………… (88 ページ初出)

樹木の年齢のこと。

渋抜き ……………… (71 ページ初出)

渋柿の渋みは、水溶性（水に溶ける性質）のタンニンによって舌が脱水することで感じられます。渋柿を食べると、口の中がカサカサになるのはそのためです。このタンニンを非水溶性に変えるのが「渋抜き」とよばれる処理です。渋抜きをすると、沈殿したタンニンが黒ごまのような斑点になるため、渋抜きで甘くなった果実は黒い斑点がはっきりと見えます。反対に、うまく渋みが抜けていない果実は黄色いままです。果実が傷んで黒くなることもあるので注意が必要ですが、渋抜きによるものであることが間違いなければ、黒い斑点が多ければ多いほど甘いかきだと言えます。

世界農業遺産 ……………… (73 ページ初出)

世界的に重要かつ伝統的な農林水産業を営む地域（農林水産業システム）を、国際連合食糧農業機関（FAO）が認定する制度です。申請地域は、FAO が定めた 5 つの基準と保全計画にもとづき評価されます。2018 年 2 月現在で 19 カ国 47 地域が登録されており、うち 9 地域が日本国内の地域です。日本においても、重要かつ伝統的な農林水産業を営む地域を農林水産大臣が認定する「日本農業遺産」という制度があります。

草本植物 ……………… (4 ページ初出)

植物は、茎がある程度育ったあと、木にならない「草」とよばれるものと、木質化する「木」とよばれるものに分類できます。前者の性質を「草本性」、草本性の植物を「草本植物」と言い、後者の性質を「木本性」、木本性の植物を「木本植物」と言います。植物をそれぞれの性質から「草本類」「木本類」と分類することもあります。

用語集

種なし ————————— (40 ページ初出)

果実に種子がないこと。かきやみかんには、受粉をしなくても実が大きくなる品種があり、その果実が種なしになります。一方、ぶどうは手をかけて種なしの果実をつくっています。ぶどうは、房が若いうちに粒を間引く「摘粒」とよばれる作業をしないと、粒同士が押し合いつぶれてしまいます。この摘粒の手間をはぶくために、植物ホルモンによって房を長く伸ばそうとしたところ、偶然種のないぶどうができたのです。たとえば「シャインマスカット」という品種の場合、房の先端付近の一部の粒以外を摘粒し、植物ホルモンで処理をすることで、粒を残した部分が大きくなり、種のない大粒の実がなります。

接ぎ木 ————————— (13 ページ初出)

植物の枝や芽を、近い種類の植物に癒着（くっつくこと）させる栽培方法のこと。枝などを接がれる、根を持ったほうの植物を「台木」と言います。

つる性 ————————— (7 ページ初出)

自分の力で体を支えず、ほかの樹木にからまって育つ植物を「つる性植物」と言います。つる性の落葉低木は「つる性落葉低木」、つる性の一年草は「つる性一年草」などと分類されます。

定義 ————————— (4 ページ初出)

ある言葉などが指す、意味や内容をはっきり決めることや、決められた意味や内容そのもの。

伝統野菜 ————————— (57 ページ初出)

その土地土地で古くからつくられ、食べられてきた伝統的な野菜のこと。同じ場所で長年つくられることで、その土地の風土に合った品種として確立されるため、大量生産され、全国的に流通する野菜とは異なる特徴を持っています。大量生産が難しく、流通させにくいことから生産量が減り、絶滅してしまった品種もありますが、近年はその味や見た目に注目が集まっており、生産量が増えている品種も少なくありません。

島嶼部 ————————— (34 ページ初出)

「島嶼」とは、大小さまざまな島を指す言葉です。日本では大きな島嶼の集まりを「諸島」とよびます。また、日本において単に「島嶼部」とよぶ場合は、東京都の伊豆諸島と小笠原諸島からなる「東京都島嶼部」を指すのが一般的です。

糖度 ————————— (52 ページ初出)

果実などに含まれる糖分の量を数値で表したもの。糖分には、ブドウ糖・果糖・ショ糖など甘さの異なる色々な種類がある上に、糖分が多くても、それ以上に酸っぱさや苦みがあれば甘みを感じません。そのため、糖度が同じであっても

116

味わいや甘さはさまざまですが、同じ品種同士で糖度を比べるなら、基本的には糖度が高いほど甘いと考えられます。

苗木 ⋯⋯⋯⋯⋯⋯ (9 ページ初出)

樹木を移植するために育てられた、幼い木のこと。

土壌 ⋯⋯⋯⋯⋯⋯ (24 ページ初出)

農作物を育てる土地のこと。

ハウス栽培 ⋯⋯⋯⋯⋯⋯ (20 ページ初出)

ビニールハウスで農作物を育てる栽培方法のこと。

ハウスみかん ⋯⋯⋯⋯ (100 ページ初出)

ハウス栽培によってつくられたみかんのこと。

発祥 ⋯⋯⋯⋯⋯⋯ (8 ページ初出)

何かの物事が初めて起こること。

品種改良 ⋯⋯⋯⋯⋯⋯ (7 ページ初出)

植物や家畜を、目的に合ったよりよい品種を生み出すために、人工的に改良すること。果物の場合、主に"寒さに強く収穫量が少ない品種"と"寒さに弱いが収穫量の多い品種"といった異なる特徴を持った品種同士をかけ合わせる「交雑育種」という方法によって改良が行われます。

伏流水 ⋯⋯⋯⋯⋯⋯ (44 ページ初出)

河川やその付近の水が、地層に浸透して流れるようになった、浅い場所を流れる地下水の一種。河川の下の浅い地層は砂利などで構成される砂礫層であり、砂などが水を濾過（液体や気体に混じる異物を、フィルターとなるものに通して取り除くこと）するため、一般的には水質が良好であるとされます。

ブランド ⋯⋯⋯⋯⋯⋯ (10 ページ初出)

本来は、ある商品やサービスを、ほかの同じような商品やサービスと区別するためにつくられた名称などを指す言葉です。現在は、単に区別するだけではなく、高級品やそのメーカーなど、ほかと比べて優れているものを指す意味で使われることが一般的です。

露地栽培 ⋯⋯⋯⋯⋯⋯ (89 ページ初出)

ビニールハウスなどの設備を用いずに、屋根のない露天の耕地で農作物を育てる栽培方法のこと。

さくいん

あ

アイ・藍　96

あけび　18

アセロラ　14

アドベリー　63

アロニア　6

あんず・アプリコット　8

いちご・イチゴ・苺
4,14,15,22,26,27,30,31,35,36,40,52,54,56,58,68,70,72,82,90,98,99,100,102,104,106,108

いちじく・無花果　30,32,42,56,62,66,68,70,80,98

一年草　4,7,96

いよかん・伊予柑　86,92,93

うめ・梅　4,22,26,28,30,36,42,43,46,60,70,72,73,74,75

枝変わり　91,93,114

か

改良・品種改良　7,9,12,27,32,37,60,117

かき・柿　18,24,30,32,34,36,40,41,42,44,45,46,48,52,53,56,59,60,62,70,71,72,78,80,8182,84,85,92,93,98,99,100,101,104,108,115,116

火山灰・火山灰質　7,24,32,33,110

カシス　8

果実　4,6,7,15,16,19,24,27,28,29,31,32,34,36,37,38,44,48,57,60,61,62,64,71,76,82,89,93,95,100,104,107,108,109,112,113,114,115

果実酒・レモン酒　16,85,90

果樹・果樹園
4,12,20,22,28,37,38,48,57,58,78,96,115

花床・花托　15,38

果肉　11,14,15,16,35,36,41,42,61,63,81,84,90,91,103,109,113

果皮・外果皮・中果皮・内果皮
10,38,42,43,89,91,109,111,114

か

かぼす　30,106,107

かりん　16,90

柑橘類　37,42,60,68,69,76,84,86,87,91,92,93,95,102,105,106,107,108,109,110,111

キウイフルーツ
26,34,35,36,48,54,72,90,91,92,98,100

ぎんなん　57

くり・栗・マロン
4,22,24,26,30,36,38,52,62,64,66,68,69,86,88,104

グレープフルーツ　76,107

原産・原産地　20,54,82,88,101,108,109,110,112

香酸柑橘類　42,60,76,88,92,108,113

さ

砂丘　40,44,64,65,78,114

さくらんぼ・おうとう（桜桃）
5,6,8,12,14,16,18,19,20,28

サボテン　32

シイクワシャー　75,112,113

渋抜き　71,81,115

子房　38,76,114,115

ジャム　6,12,28,88,90

常緑高木　54,88,103

常緑小高木　14,30,34,38,42,54,66,92,93,102,104,108,110,111

不知火　93,104

すいか・スイカ　4,18,22,32,33,40,44,46,58,62,64,78,79,88,104,105,112

すだち　66,76,88,89

すもも　30,48,50,110

西洋なし　12,18,19,26,40

世界農業遺産　73,75,115

草本植物・草本性・草本類　4,112,115

た

台木　13,116

多年草	4,15,112,113
たんかん	110
接ぎ木	13,79,91,116
つる性	7,12,14,18,36,44,58,116
伝統野菜	57,116
土壌	24,25,32,33,40,64,70,74,80,86,88,110,117
ドラゴンフルーツ	32,112,113

な

苗木	9,79,84,107,117
日本なし・梨	8,14,16,20,24,26,27,28,30,31,32,34,37,42,46,50,52,56,60,62,64,68,70,78,79,80,82,86,90,94,95,100,106
農林水産省・農林水産大臣	4,7,15,16,18,22,24,36,58,80,104,115

は

梅林	28,74,75
パインアップル	112
ハウス栽培・ビニールハウス	20,25,50,70,71,83,89,94,100,105,106,113,117
ハスカップ	6
はっさく	76
パッションフルーツ	14,34,110,112
バナナ	4,10,111,112
パパイア	108,112
はるか（柑橘類）	84,102
はるか（りんごの品種名）	10
被子植物	38,115
びわ	32,68,102,103,110
ぶどう	6,8,10,12,14,16,18,20,24,26,28,32,34,36,38,44,48,49,50,51,56,60,62,63,64,66,67,78,80,82,83,88,90,98,106,116
ブラックベリー	36,62
プラム	18,28,48,50
ブランド	10,13,14,15,27,30,33,37,41,42,43,

	44,46,49,52,55,57,62,63,64,65,67,68,72,74,78,80,81,85,87,98,99,101,102,103,104,106,109,113,117
ブルーベリー	6,14,28,29,30,32,50,62,84
プルーン	50
ブンタン・文旦・ザボン	94,105
ぽんかん	76,84,86,93,104,110,111

ま

マルメロ	16
マンゴー	54,108,109,110,112,113
みかん	24,36,38,54,55,56,60,61,66,69,72,73,76,84,86,87,90,91,92,93,94,98,100,102,104,105,106,107,108,110,116,117
無袋栽培	13
むべ	63
メロン	4,6,7,16,17,18,22,24,25,36,44,46,54,57,58,62,64,65,68,78,80,81,88,94,104
木本植物・木本性・木本類	4,58,112,115
もも・ピーチ	10,14,16,18,20,21,28,38,40,48,49,50,52,56,58,64,66,72,82,83,108
やまもも	88
ゆず	30,42,43,68,76,94,95

ら

ライム	92
落葉高木	8,16,18,19,20,24,26,28,38,40,56,58,90
落葉小高木	8,48,50
落葉低木	6,12,18,28,35,36,116
裸子植物	57,115
ラズベリー	12,14
りんご	5,6,8,9,10,11,12,13,16,17,18,20,24,26,28,38,44,50,51,86,104
レモン	34,37,76,84,85,86,92,102

わ

わい化栽培	12,13
ワイン・ワイナリー	12,29,48,49,80

監修	河鰭 実之（かわばた さねゆき）

東京大学大学院農学生命科学研究科附属生態調和農学機構教授。
1985 年東京大学農学部卒業。1991 年東京大学大学院博士課程修了。
果実の糖濃度に関する研究やトルコギキョウの八重咲き遺伝子の解析、
人工光植物工場による野菜の生産など幅広い研究を手掛ける。

編 著	野菜・くだもの探検隊

執 筆	出田 恵史・鈴木 直

協 力	中将タカノリ（合同会社 音楽事務所 LAZY ART）・西野 宏平

デザイン	KIS

企画協力	新潟学習社

参考文献	本書は 2017 年 11 月時点の各自治体や、果物の写真などを提供いただいた企業や組織等のウェブサイトやパンフレットおよび、下記書籍を参考に執筆させていただきました。

石尾員浩　1995 年　『野菜と果物 ポケット図鑑』　主婦の友社
板木利隆ほか監修　2013 年　『小学館の図鑑 NEO 野菜と果物』　小学館
亀田龍吉　2016 年　『花からわかる野菜の図鑑 - たねから収穫まで -』　総合出版
公益財団法人東京都農林水産振興財団　2017 年　『東京の農林水産業 東京の島々』　JTB パブリッシング
谷川彰英監修　2012 年　『ジュニア都道府県大図鑑 ジオ』　学研教育出版

※果物の収穫量などのデータは、2018 年 1 月時点で最新の、農林水産省による作物統計の確報を参照しています。「パインアップル（パイナップル）」などの作物の名称や平仮名・片仮名などの表記は、基本的に農林水産省が統計で使用しているものに準拠しました。ただし、「さくらんぼ」（農林水産省の作物統計では「おうとう」）のように、農林水産省と異なる名称・表記を使用した作物もあります。

しらべよう！
47都道府県のくだもの

2018 年 3 月　初版第 1 刷発行

監 修	河鰭 実之
編 著	野菜・くだもの探検隊
発行者	小安 宏幸
発行所	株式会社汐文社
	〒 102-0071　東京都千代田区富士見 1-6-1　富士見ビル 1F
	TEL.03-6862-5200　FAX.03-6862-5202
	URL http://www.choubunsha.com
印 刷	新星社西川印刷株式会社
製 本	東京美術紙工協業組合

ISBN 978-4-8113-2440-1